EL AMOR Y LA FE TODO CAMBIAN

Pedro Quizhpe

Reservados todos los derechos. No se permite la reproducción total o parcial de esta obra, ni su incorporación a un sistema informático, ni su transmisión en cualquier forma o por cualquier medio (electrónico, mecánico, fotocopia, grabación u otros) sin autorización previa y por escrito de los titulares del copyright. La infracción de dichos derechos puede constituir un delito contra la propiedad intelectual.

El contenido de esta obra es responsabilidad del autor y no refleja necesariamente las opiniones de la casa editora. Todos los textos e imágenes fueron proporcionados por el autor, quien es el único responsable por los derechos de los mismos.

Publicado por Ibukku, LLC
www.ibukku.com
Diseño de portada: Ángel Flores Guerra Bistrain
Diseño y maquetación: Diana Patricia González Juárez
Copyright © 2023 Pedro Quizhpe
ISBN Paperback: 978-1-68574-605-6
ISBN Hardcover: 978-1-68574-607-0
ISBN eBook: 978-1-68574-606-3

ÍNDICE

PRÓLOGO — 5

PERSONAJES Y PROTAGONISTAS DE MI HISTORIA (DEDICATORIA) — 7

1. MARTÍN QUIZHPE, AUTOR DE MI PROPIA HISTORIA — 9

2. ENTRE LAS SOMBRAS DE LA NOCHE — 15

3. BAJO LA LLUVIA DE LA ESPERANZA — 17

4. LUZ Y OSCURIDAD — 19

5. EL AMOR, QUE TODO LO SUPERA — 21

6. ROMPIENDO EL SILENCIO — 23

7. RELATO DE LA VIDA — 25

8. MUERTE DE MI PADRE — 29

9. UN CAMINO DE AUTODESCUBRIMIENTO Y CRECIMIENTO — 33

10. CUANDO FRANKLIN PARTIÓ — 37

11. INCENDIO DE NUESTRA CASA — 39

12. AMOR, COMPASIÓN Y CARIDAD — 41

13. TRANSFORMANDO MI VIDA A TRAVÉS DEL PODER DEL AMOR — 43

14. ABRAZANDO LA DIVERSIDAD, TRANSFORMANDO TU VIDA A TRAVÉS DE LA COMPASIÓN — 45

15. FORTALECIENDO VÍNCULOS, TRANSFORMANDO TU VIDA A TRAVÉS DE LA LEALTAD Y EL RESPETO — 47

16. FORMANDO MI PROPIO CAMINO, TRANSFORMANDO MI VIDA A TRAVÉS DE LA EDUCACIÓN EN EL HOGAR Y EL RESPETO A LA SOCIEDAD ... 49

17. SEMBRANDO LOS CIMIENTOS DEL ÉXITO, CAMBIANDO UNA VIDA A TRAVÉS DE LA EDUCACIÓN EN EL HOGAR DURANTE LOS PRIMEROS 7 AÑOS DE VIDA DE UN NIÑO ... 51

18. RENACIENDO EN EL AMOR Y LA FE, TRANSFORMANDO LA VIDA EN UN HOGAR A TRAVÉS DE LA FE Y EL AMOR ... 53

19. RENOVANDO EL HOGAR A TRAVÉS DE LA SABIDURÍA BÍBLICA, TRANSFORMANDO LA VIDA EN UN HOGAR BASADO EN 5 CITAS BÍBLICAS PODEROSAS ... 55

20. CREANDO UN HOGAR LIBRE DE CHISMES, TRANSFORMANDO LA VIDA EN UN AMBIENTE DE AMOR Y RESPETO BASADO EN LA SABIDURÍA BÍBLICA. ... 57

21. CONSTRUYENDO UN HOGAR LIBRE DE ENVIDIA, CALUMNIA, MENTIRA Y CHANTAJE, TRANSFORMANDO LA VIDA A TRAVÉS DE LA SABIDURÍA BÍBLICA ... 59

22. TRANSFORMANDO LA VIDA EN UN HOGAR A TRAVÉS DE LA FE DE LA IGLESIA ... 61

23. EL ODIO ES DESTRUCTOR DEL ALMA Y ALEJA DE LA DIVINIDAD ... 63

24. LA DESTRUCTIVA INFLUENCIA DEL ODIO, UN CAMINO ALEJADO DE LA PAZ INTERIOR Y LA CONEXIÓN ESPIRITUAL ... 65

25. EL ALCOHOLISMO AFECTA A NUESTRA SOCIEDAD ... 67

26. HISTORIA DE PEDRITO ... 69

27. CÓMO MANTENERSE ALEJADO DE LAS DROGAS ... 71

28. QUÉ ES EL MIEDO Y CÓMO SUPERARLO ... 73

29. CÓMO SER FELIZ ... 93

30. QUERIDOS LECTORES ... 97

PRÓLOGO

EL AMOR Y LA FE TODO CAMBIAN, un libro inspirador que supera adversidades y que irradia el poder de la voluntad. Es una obra que combina motivación y educación, llevando a los lectores en un viaje emocional a través de sucesos tristes y demostrando que incluso en las peores situaciones, siempre hay una oportunidad para obtener resultados increíbles. Con un enfoque en la superación personal y el poder de la voluntad, este libro es una fuente de inspiración y enseñanzas valiosas.

A lo largo de sus páginas, el autor nos sumerge en una historia llena de desafíos y obstáculos que reflejan la realidad de la vida misma. Sin embargo, a través de estos momentos difíciles, el libro nos muestra cómo es posible encontrar fuerza interior y salir adelante. Cada evento triste se transforma en una oportunidad para crecer y aprender lecciones valiosas.

El mensaje principal de *EL AMOR Y LA FE TODO CAMBIAN* se plasma en historias de superación personal, el autor muestra cómo el deseo y la determinación pueden llevarnos a lograr cosas extraordinarias. Nos recuerda que no importa cuán adversas sean las circunstancias, siempre hay una luz al final del túnel, si nos esforzamos y creemos en nosotros mismos.

Además, el libro destaca la importancia de mantener una actitud positiva incluso en los momentos más adversos. A través de ejemplos inspiradores, Martin demuestra cómo el optimismo y la resiliencia pueden marcar la diferencia en nuestra capacidad para superar los desafíos y encontrar el éxito.

EL AMOR Y LA FE TODO CAMBIAN es un texto que puede motivar y educar a los lectores de todas las edades. Sus acontecimientos tristes nos hacen reflexionar sobre la dureza de la vida, pero también nos enseñan que siempre hay una oportunidad para encontrar la felicidad y el éxito. Es un recordatorio poderoso para el lector de que nuestras circunstancias no definen nuestro destino, sino nuestra actitud y determinación.

En resumen, *EL AMOR Y LA FE TODO CAMBIAN* es una obra inspiradora de motivación y educación a través de eventos tristes y un ejemplo notable de superación personal. El autor nos enseña que de las peores situaciones pueden surgir grandes resultados. Es un libro que marcará y dejará una impresión duradera en los lectores, recordándoles que siempre hay esperanza y oportunidades para alcanzar el éxito.

PERSONAJES Y PROTAGONISTAS DE MI HISTORIA (DEDICATORIA)

En estas páginas que plasman mi autobiografía, deseo dedicar un espacio especial para expresar mi profundo agradecimiento y amor hacia ustedes. Vuestra presencia en mi vida ha sido una fuente constante de fortaleza y apoyo, y no puedo imaginar mi camino sin su inquebrantable amor y compañía.

A ti, querida madre, quiero rendir homenaje por ser una mujer luchadora que, a pesar de las adversidades, nunca ha dejado de amarme y quererme. Tu valentía y determinación han sido un ejemplo inspirador para enfrentar los desafíos de la vida. Cada paso que he dado, cada logro que he alcanzado ha sido gracias a tu constante aliento y confianza; tus cálidos abrazos y palabras amorosas han sido mi refugio en los momentos difíciles. Eres la piedra angular de mi vida, y siempre estaré agradecido por todo lo que has hecho por mí.

A mis queridas hermanas, quiero expresar mi gratitud por haber estado a mi lado en las buenas y en las malas, en las tristezas y en las alegrías. Juntos hemos compartido lágrimas y risas, hemos superado obstáculos y celebrado triunfos. Vuestra presencia ha enriquecido mi vida de **innumerables maneras**, nuestros lazos de hermandad son irrompibles, y sé que siempre puedo contar con ustedes para brindarme su amor incondicional y apoyo inquebrantable.

Y a mi querido hermano Leonardo, que ahora estás cerca de Dios en el cielo, quiero dedicarte un espacio sagrado en estas páginas. Aunque físicamente ya no estés presente, tu espíritu vive en los recuerdos y en el amor que compartimos. Tu partida dejó un vacío en mi corazón, pero también me enseñó el valor de cada momento y la importancia de amar incondicionalmente. Siempre recordaré nuestras risas y nuestras conversaciones, y llevaré tu memoria conmigo mientras continúo mi viaje en esta vida.

A mi padre, aunque tus acciones hayan dejado cicatrices en mi corazón y en mi memoria, quiero agradecerte. Gracias a ti, he aprendido a valorar aún más la importancia de la superación personal y el poder de la familia. Tus errores me han enseñado a ser fuerte y a encontrar mi propia voz. A pesar de las dificultades, he encontrado la fuerza para escribir estas líneas de superación personal y de amor incondicional hacia mi familia.

En esta biografía, quiero que el mundo conozca la importancia que ustedes tienen en mi vida. Vuestras huellas están impresas en cada página de mi historia personal, y vuestro amor ha dejado una marca imborrable en mi corazón. Espero que estas palabras puedan transmitir una fracción del amor y gratitud que siento hacia ustedes.

1. MARTÍN QUIZHPE, AUTOR DE MI PROPIA HISTORIA

La magia de la vida es algo que a menudo pasamos por alto, pero es fundamental reconocerla y apreciarla. Cada día que amanecemos es un regalo, una oportunidad para experimentar la belleza que nos rodea y para explorar nuestro propósito en este vasto universo.

El amor, sentimiento profundo y poderoso, es un ingrediente esencial en nuestra existencia. Es el lazo que une a las personas, que nos conecta a unos con otros y nos permite experimentar la empatía, la compasión y la alegría compartida. El amor nos impulsa a ser mejores, a cuidar y apoyar a quienes nos rodean, y a encontrar significado en nuestras relaciones.

La sabiduría, tanto la que nos es otorgada por Dios como la que encontramos en el universo, es un tesoro invaluable. Nos brinda conocimiento, discernimiento y comprensión de los misterios de la vida. A través de ella, podemos aprender de nuestras experiencias, encontrar respuestas a nuestras preguntas más profundas y crecer como seres humanos.

A veces, nos encontramos atrapados en una realidad limitada, donde no valoramos plenamente la vida y nos dejamos llevar por creencias y sistemas de pensamiento que nos limitan y nos impiden alcanzar nuestro verdadero potencial. Nos sometemos a ideales equivocados, impuestos por la sociedad, la cultura o la religión, que nos incitan hacia el fracaso o la mediocridad.

Sin embargo, es importante reconocer que tenemos el poder de romper esas cadenas y liberarnos de esas creencias limitantes. Al entender esta filosofía y cuestionar las ideas preconcebidas, podemos tomar el control de nuestras vidas y elegir nuestro propio camino. Podemos explorar nuevas perspectivas, desafiar el *status quo* y buscar la verdad que resuena con nuestra propia esencia.

La búsqueda de nosotros mismos puede ser un viaje desafiante, pero también es un viaje transformador. A medida que nos adentramos en nuestra propia esencia, descubrimos nuestra auténtica voz y encontramos un propósito más profundo en nuestra existencia. Nos convertimos en seres conscientes y empoderados, capaces de crear cambios positivos en nuestras vidas y en el mundo que nos rodea.

Mi querido lector, te invito a reflexionar sobre la magia de la vida, la belleza del amor, la sabiduría divina y universal, y a desafiar las creencias limitantes que nos mantienen cautivos, abre tu mente y tu corazón a nuevas posibilidades, y descubre la grandeza que existe dentro de ti. Recuerda que tienes el poder de crear tu propia realidad y vivir una vida llena de significado y propósito. ¡El universo está esperando que despliegues tus alas y brilles con todo tu potencial!

En esta historia, nos enfrentamos a una profunda reflexión sobre la naturaleza humana y cómo adquirimos nuestra personalidad a lo largo del tiempo. Surge la pregunta «¿quién es el culpable de los problemas que enfrentamos en la sociedades, el niño que aprende de sus padres, los padres que aprenden de sus abuelos, los abuelos de sus antepasados o la sociedad en general?».

Es cierto que cada individuo tiene su propia personalidad única, pero también es innegable que somos influenciados por nuestro entorno y las personas que nos rodean desde una edad temprana. Los niños aprenden de sus padres, absorbiendo sus valores, creencias y comportamientos. A su vez, los padres han sido moldeados por sus propias experiencias y la crianza que recibieron de sus abuelos.

La sociedad también juega un papel importante en la formación de nuestra personalidad. Estamos expuestos a normas culturales, expectativas sociales y sistemas de creencias que moldean nuestra forma de pensar y actuar. A medida que crecemos, absorbemos mensajes de los medios de comunicación, la educación y el entorno en el que nos desenvolvemos.

Sin embargo, es importante destacar que la adquisición de la personalidad no es un proceso determinista. Aunque estamos influenciados por nuestro entorno, también tenemos la capacidad de tomar decisiones conscientes y moldear nuestra propia identidad. Podemos elegir qué valores adoptar, qué comportamientos desarrollar y cómo interactuar con los demás.

Desafortunadamente, en nuestra sociedad, a menudo nos dejamos llevar por el poder egoísta que lleva a la formación de núcleos de poder destructivos. El ego nos impulsa a buscar el beneficio personal a expensas de los demás, y en ese proceso, a menudo tratamos de aplastar a los más débiles. Utilizamos palabras hirientes, acciones dañinas y críticas destructivas que tienen un impacto profundo en las emociones y la vida de nuestras víctimas.

Este ciclo de destrucción comienza desde la infancia, cuando los niños son sometidos a abusos emocionales y psicológicos. Estas experiencias destruyen su inocencia y los llevan a crecer con heridas profundas que afectan su desarrollo emocional y su sentido de valía personal.

Es hora de reconocer que este patrón destructivo no nos lleva a ninguna parte. Es necesario romper con el ciclo y fomentar una sociedad basada en el respeto, la empatía y la comprensión. Debemos cultivar la importancia de construir relaciones saludables y brindar apoyo a aquellos que han sido víctimas del poder egoísta.

Cada uno de nosotros tiene la capacidad de generar un cambio positivo en este mundo. Podemos comenzar desafiando nuestras propias tendencias egoístas y buscando formas de ser más compasivos y solidarios. Al educarnos a nosotros mismos y a las generaciones futuras sobre la importancia del amor, el respeto y la empatía, podemos construir una sociedad más equitativa y justa.

Recordemos que somos responsables de nuestras acciones y palabras. Cada elección que hacemos tiene el poder de afectar a otros, ya sea de forma positiva o negativa. Optemos por utilizar nuestro poder personal de una manera constructiva y edificante, creando un entorno en el que todos puedan florecer y vivir una vida plena.

En última instancia, es nuestra responsabilidad colectiva romper con los patrones destructivos y construir un mundo en el que todos puedan vivir sin temor, con dignidad y con la oportunidad de desarrollar todo su potencial. Juntos podemos transformar esta historia de dolor y destrucción en una historia de amor, compasión y crecimiento humano.

Es desgarrador pensar en un ser humano, ya sea un niño o un adulto, viviendo en un constante estado de tristeza, miedo y temor. Es como estar atrapado en una jaula sin esperanza de romper esas barreras que limitan nuestra libertad y felicidad. Sin embargo, es importante reconocer que nadie es culpable de esta situación.

La sociedad en la que vivimos juega un papel fundamental en la formación de nuestra identidad y nuestras acciones. Estamos influenciados por las normas culturales, las expectativas sociales y los sistemas de creencias que nos rodean. A veces, estas influencias nos empujan hacia comportamientos negativos y destructivos, y en otras ocasiones nos motivan a actuar de manera positiva.

Si nos detenemos a reflexionar sobre lo que motiva a un padre a tomar decisiones o acciones correctas o incorrectas, podemos ver que no existe un vínculo claro en ciertos comportamientos. Las circunstancias y adversidades de la vida pueden afectar la forma en que una persona actúa, pero no son una excusa para el maltrato o la crueldad.

Es esencial recordar que un niño es una bendición de Dios y que los padres tienen la responsabilidad de protegerlos, cuidarlos, alimentarlos y guiarlos. El amor y el cuidado son fundamentales en las primeras etapas de la vida de un niño. Sin embargo, desafortunadamente, en muchas ocasiones, ese amor se convierte en dolor.

El poder lineal y el egoísmo pueden causar que los padres emitan dolor y maltrato hacia sus hijos. Esto deja cicatrices emocionales desde el primer día que el niño ve la luz del mundo. Incluso antes del nacimiento, el niño puede experimentar las secuelas del dolor. Este laberinto hostil se convierte en un cáncer silencioso que destruye emocionalmente a la criatura inocente.

Es difícil de comprender cómo alguien puede infligir daño a un ser tan vulnerable como un niño. La falta de amor y cuidado no solo impacta en su infancia, sino que también deja secuelas a lo largo de su vida. Estas heridas emocionales pueden afectar a su autoestima, sus relaciones y su capacidad para encontrar la paz y la felicidad.

Es necesario romper con este ciclo de dolor y crueldad. Debemos educar y concientizar a las personas sobre la importancia del amor, el cuidado y la compasión hacia los niños. Cada ser humano merece crecer en un entorno seguro, lleno de amor y apoyo.

Como sociedad, debemos tomar medidas para proteger a los niños y brindarles las herramientas necesarias para desarrollarse de manera saludable. Esto implica proporcionar recursos adecuados, como educación, apoyo emocional y oportunidades de crecimiento personal.

También es fundamental que cada uno de nosotros asuma la responsabilidad de crear un ambiente de amor y respeto en nuestras familias y comunidades. Debemos ser conscientes de nuestras propias acciones y palabras, evitando el maltrato y la crueldad hacia los demás, especialmente hacia los más vulnerables.

Recordemos que cada uno de nosotros tiene el poder de generar un cambio positivo en el mundo. Podemos elegir ser portadores de amor y compasión, y trabajar juntos para construir un futuro en el que todos los niños puedan crecer en un entorno lleno de amor y cuidado. Solo así podremos romper las cadenas del dolor y abrir el camino hacia una vida llena de paz.

Mientras el mundo sigue girando y la sociedad corre con su constante ajetreo, en este humilde hogar, la incertidumbre y el miedo se instalan en cada rincón, con cada atardecer, la sombra de la noche anterior se cierne sobre los niños, dejando una pregunta latente en el aire: ¿se repetirá esta noche el tormento del pasado?

En este pequeño refugio, la tranquilidad se desvanece a medida que el sol se oculta en el horizonte. Las luces se encienden y las sombras se alargan, envolviendo la casa en un manto de misterio.

Los corazones se aceleran y los suspiros se vuelven más profundos, mientras la incertidumbre se adueña de sus pensamientos.

Cada ruido es amplificado por la oscuridad, cada crujido del suelo o golpe en la puerta alimenta esa inquietud. Esos niños se aferraban a una esperanza de que esta vez todo sea diferente, pero el miedo persiste, palpitando en sus corazones como un eco incesante.

La noche anterior dejó cicatrices profundas en sus almas, fue una noche de temor y desesperación, cuando las sombras cobraron vida y los sueños se convirtieron en pesadillas, cada noche se miraban atrapados en un ciclo interminable, donde cada atardecer se arrastra de nuevo hacia la incertidumbre.

En la penumbra de su morada, buscaban consuelo y fortaleza, se aferraban a la compañía de su madre, compartiendo palabras de aliento y abrazos reconfortantes; juntos enfrentaban la incertidumbre y el miedo, recordándose mutuamente que son más fuertes de lo que creían.

A medida que la noche avanzaba, los minutos se estiran como hilos de seda, y la tensión se intensifica, cada sonido se convierte en un desafío para sus nervios, pero también en una oportunidad para mostrar su valentía. Se resistían a ser prisioneros del temor, lucharon por encontrar la luz en medio de la oscuridad.

A medida que las horas pasan lentamente, una chispa de esperanza comenzaba a brillar en sus corazones. Sabían que el amanecer siempre llegará, trayendo consigo un nuevo día lleno de posibilidades. Aunque esa noche podía ser difícil, se recordaban a sí mismos que son capaces de superar cualquier adversidad.

Estos niños nacieron en nichos olvidados por los ángeles, en un hogar donde reinaba la tristeza y la desesperanza. Se sentían atrapados en un castillo de tristeza, sin cunas donde descansar y rodeados de fantasmas sin sentimientos. Sus sueños eran aplastados y su inocencia era destrozada, contaminando su vida y opacando su futuro.

2. ENTRE LAS SOMBRAS DE LA NOCHE

El sol se desvanecía tras el horizonte, tiñendo el cielo de tonos dorados y naranjas. Sin embargo, para ellos, cada atardecer era un recordatorio inquietante de lo que estaba por venir. El miedo se apoderaba de sus corazones mientras observaban cómo la luz se extinguía gradualmente, llevándose consigo la paz y la tranquilidad que tanto anhelaban.

Conscientes de que la noche traería consigo más dolor y sufrimiento, se preparaban para afrontarla de la única manera que podían. Cada noche, se aferraban a la esperanza de escapar de su realidad opresiva. Con gran sigilo, se acercaban a la puerta o la ventana más cercana, como si fueran sombras en busca de una salida hacia la libertad. Una sábana vieja, desgastada por el tiempo, se convertía en su único refugio.

El sonido de sus pasos ahogados por el temor resonaba en el silencio de la noche, cada paso era una afirmación de su determinación por dejar atrás las sombras que los acechaban. Atravesaban umbrales oscuros, desafiando la incertidumbre que los envolvía. Era un acto de valentía ante lo desconocido, un intento desesperado de encontrar un rayo de esperanza en medio de la oscuridad.

Sin embargo, no siempre podían huir. En ocasiones, las circunstancias los obligaban a resignarse y a enfrentar la noche sin escapatoria. Pero en otras ocasiones tenían que conformarse a descansar acurrucados junto a una roca, buscando un poco de cobijo en el frío abrazo de la oscuridad. El viento gélido susurraba sus penas, mientras ellos luchaban por encontrar un poco de calor y consuelo en la adversidad.

En medio de la oscuridad, sus pensamientos se entrelazaban con los miedos más profundos, las sombras se alargaban y cobraban vida, danzando a su alrededor como espectros que los atormentaban, pero a pesar de todo, encontraban la fuerza para resistir. se aferraban a la esperanza de que, algún día, la luz volvería a brillar en sus vidas.

Entre susurros de promesas incumplidas y lágrimas silenciosas, encontraban la fortaleza para encontrar consuelo en los brazos de su madre. A pesar del desgarrador frío y la incertidumbre que los envolvía, no permitían que el miedo los consumiera por completo. En cada noche oscura, se forjaban en espíritus resilientes, dispuestos a enfrentar las sombras que acechaban su existencia.

Y así, en la penumbra de la noche, su historia se entrelazaba con la lucha diaria por encontrar la luz en medio de la adversidad. Porque incluso en los momentos más oscuros, había una chispa de esperanza que nunca se extinguía del todo.

3. BAJO LA LLUVIA DE LA ESPERANZA

La lluvia caía sin cesar, como un eco de la tristeza que envolvía sus vidas. Cada gota que golpeaba sus cuerpos descalzos y se mezclaba con el barro del viejo camino era un recordatorio tangible de las dificultades que enfrentaban, sin embargo, sabían que no podían permitirse detenerse...

La oscuridad de la noche se convertía en su aliada, y bajo el manto de la lluvia, emprendían su escape silencioso. Cada paso era un acto de coraje, una afirmación de que merecían una vida mejor, lejos de un padre borracho y abusivo. Empapados y con los pies hundidos en el lodo, avanzaban hacia un destino incierto, aferrándose a la esperanza de encontrar un lugar seguro donde descansar.

El camino era difícil y lleno de obstáculos, pero su determinación no flaqueaba, a pesar de la lluvia que empapaba sus ropas, su espíritu se mantenía intacto. Cada paso era un testimonio de su valentía y de su deseo de escapar de un pasado marcado por la violencia.

La suciedad en sus ropas y en sus pies descalzos se volvía insignificante en comparación con la esperanza que les guiaba. No importaba cuánto barro se aferrara a ellos, no permitirían que manchara su espíritu. Sabían que estaban en busca de algo más, algo que les ofreciera seguridad y una nueva oportunidad.

El sonido de la lluvia se convertía en una sinfonía de esperanza mientras avanzaban en silencio. Cada gota que resbalaba por sus mejillas era un bálsamo que limpiaba las heridas invisibles que llevaban consigo. Aunque el camino fuera largo y agotador, no se permitían flaquear. La promesa de un futuro mejor los impulsaba a seguir adelante. Y escapar de una pesadilla más.

En medio de la lluvia incansable, encontraban consuelo en su mutua compañía. Se apoyaban unos a otros, compartiendo la carga de sus experiencias pasadas y fortaleciéndose mutuamente para enfrentar los desafíos que se avecinaban. En sus miradas, se podía ver la determinación y la solidaridad que los unía como una familia elegida.

Y así, con cada paso en el fango del viejo camino, era una afirmación de que merecían algo más en la vida. Atravesando la oscuridad y desafiando la adversidad, se abrían camino hacia un destino desconocido, donde la seguridad y la paz los esperaban.

La lluvia seguía cayendo, pero ya no era solo una carga, sino también un símbolo de renovación, cada gota que los empapaba les recordaba que estaban dejando atrás un pasado doloroso y abrazando un futuro lleno de posibilidades. Bajo la lluvia persistente, encontraban la fuerza para seguir adelante, sabiendo que la tormenta que los rodeaba solo era el preludio de un nuevo amanecer.

Caminaban en la oscuridad, bajo la lluvia, con el miedo como su único compañero, cada paso era incierto, cada ruido los hacía temblar, pero a pesar de todo, estos niños demostraban una valentía inquebrantable. No importaba cuán oscuro fuera el camino, cuán fuerte fuera la tormenta, ellos seguían adelante, buscando una vida mejor.

4. LUZ Y OSCURIDAD

En medio de las sombras que los envolvían, había momentos de respiro, momentos en los que la vida no era tan oscura. La luna llena, con su brillo plateado, se convertía en su guía y en un regalo para el alma cansada. Bajo su resplandor mágico, encontraban un refugio de paz y esperanza cuando un vecino les abría su puerta y les brindaba un techo para pasar la noche.

Cuando la luna se alzaba en el firmamento, todo cambiaba. Su luz suave y serena iluminaba su camino, disipando la oscuridad y llenando sus corazones de un cálido respiro. En esas noches especiales, se detenían por un instante para admirar su belleza celestial y recordar que, a pesar de todo, aún había luz en el mundo.

Bajo el brillo plateado de la luna llena, las preocupaciones y los miedos se desvanecían momentáneamente. En lugar de temor, encontraban una sensación de calma y serenidad. La luna les recordaba que, así como el ciclo lunar, la vida también era una sucesión de fases, y que incluso en los momentos más oscuros, siempre había espacio para la esperanza.

En esos momentos de gracia lunar, se permitían soñar despiertos. Miraban hacia el horizonte y dejaban que sus pensamientos volaran, imaginando una vida mejor, libre de dolor y sufrimiento. La luna llena era una invitación a creer en la posibilidad de un futuro luminoso, donde la paz y la tranquilidad fueran su constante compañía.

Bajo su resplandor, compartían historias y confidencias. Las miradas se encontraban, y en el silencio compartido, se entendían sin necesidad de palabras. La luna llena era testigo de sus anhelos más profundos y de la conexión que los unía en medio de la adversidad.

La belleza de la luna les recordaba que incluso en la oscuridad más profunda, siempre había motivos para seguir adelante. Su brillo plateado era un faro de esperanza que iluminaba su camino, guiándolos hacia un destino más luminoso. En cada rayo de luz lunar, encontraban la fuerza para resistir y la determinación para buscar una vida mejor.

Y así, bajo el abrazo de la luna llena, encontraban consuelo y renovación. Aprovechaban esos momentos de quietud para recargar sus espíritus y nutrir sus sueños. Sabían que la vida no siempre sería tan oscura como las noches que habían dejado atrás. Había una promesa en el brillo de la luna, una promesa de que, a pesar de los desafíos, siempre habría luz en su camino.

Y así, con la luna llena como su guía, continuaban su travesía. Sabían que habría más noches oscuras y tormentosas por delante, pero también sabían que siempre habría momentos de respiro y de luz en el camino. Con esperanza en sus corazones, avanzaban, recordando que la luna llena era un recordatorio de que, incluso en la más profunda oscuridad, el brillo de la vida nunca se extinguiría.

5. EL AMOR, QUE TODO LO SUPERA

Estos niños merecían más que una vida llena de miedo y desesperanza, merecían un hogar cálido, amoroso y seguro, merecían ser protegidos y cuidados por aquellos que debían brindarles amor incondicional, merecían la oportunidad de crecer y prosperar, de alcanzar sus sueños y vivir una vida plena. Estos niños no merecían ser golpeados como animales.

En esta historia, la madre de estos niños era la figura más amorosa del mundo. A pesar de haber sido víctima principal de la violencia, ella se convertía en su refugio de esperanza, a pesar de las lágrimas derramadas y las noches sin dormir, ella luchaba incansablemente por abrazar a sus hijos y protegerlos del frío, tanto físico como emocional.

Aunque su corazón sangraba por las heridas causadas por aquel padre abusivo, la madre se aferraba a su amor inquebrantable por sus hijos, sabía que merecían algo mejor y estaba dispuesta a hacer todo lo posible para brindarles un hogar seguro. A pesar de enfrentar su propia lucha interna, ella se convertía en su fuerza y su inspiración.

En medio de la oscuridad, la madre se convertía en su luz, era su roca, su refugio seguro donde encontraban consuelo y protección a pesar de las dificultades y el dolor; ella luchaba contra viento y marea para darles una vida mejor. Cada abrazo, cada palabra de aliento era un bálsamo para sus heridas y una afirmación de que merecían ser amados y cuidados.

Aunque el camino fuera duro y plagado de obstáculos, la madre no se rendía. Sabía que merecían un futuro más brillante y estaba dispuesta a luchar por él. Con cada lágrima que caía, encontraba la fortaleza para seguir adelante, porque sabía que sus hijos merecían una vida donde el amor superara cualquier adversidad.

En su lucha, la madre no estaba sola, también estaba la abuela que siempre les daba cariño, siempre acompañaba con un cafecito (de tusas); también había una comunidad solidaria que la rodeaba dispuesta a abrir las puertas de su casa sin importar la hora que fuera. Juntos construían un círculo de protección alrededor de estos niños, asegurándose de que tuvieran un refugio seguro donde encontrar consuelo y sanar sus heridas.

Y así, bajo el abrazo amoroso de su madre, estos niños encontraban la fuerza y consuelo. A pesar de las sombras que pasaban, se aferraban a la promesa de un futuro mejor. La madre les enseñó que el amor todo lo supera, y que, a pesar del dolor, siempre había espacio para la esperanza y la alegría.

6. ROMPIENDO EL SILENCIO

Es necesario denunciar cualquier forma de maltrato infantil que presenciemos o sospechemos. Debemos ofrecer apoyo y ayuda a aquellos niños que lo necesitan, brindándoles un refugio seguro donde puedan sanar y crecer. La historia de estos niños es una llamada desgarradora que nos invita a abrir los ojos y romper el silencio. No podemos permitirnos ser meros espectadores de un sufrimiento tan injusto. Es nuestra responsabilidad como sociedad proteger y cuidar a nuestros niños, quienes merecen crecer en un ambiente seguro y amoroso.

Cuando presenciamos señales de maltrato infantil, no podemos quedarnos de brazos cruzados, debemos ser valientes y actuar, levantando nuestra voz en defensa de aquellos que no pueden hacerlo. Debemos denunciar cualquier abuso que presenciemos o sospechemos, asegurándonos de que se tomen medidas para proteger a los niños vulnerados.

Es importante recordar que nuestra intervención puede marcar la diferencia en la vida de un niño. Al ofrecer apoyo y ayuda, podemos brindarles un refugio seguro donde puedan sanar y crecer. Nuestro apoyo puede ser el primer paso para romper el ciclo de violencia y darles la oportunidad de vivir una vida plena y feliz.

No debemos subestimar el impacto que una palabra amable o un gesto de preocupación pueden tener en la vida de un niño maltratado. Nuestra presencia puede darles esperanza y mostrarles que hay personas dispuestas a luchar por ellos. Podemos ser un faro de luz en su oscuridad, guiándolos hacia un camino de sanación y superación. Para que nuestra sociedad se fortalezca y nuestros niños tengan un futuro diferente.

Sin embargo, ofrecer apoyo no es suficiente. También debemos trabajar para prevenir el maltrato infantil. Debemos educar a nuestra sociedad sobre los derechos de los niños y la importancia de un trato respetuoso y amoroso. Debemos crear conciencia sobre las señales de abuso y la importancia de denunciar cualquier sospecha.

Además, debemos asegurarnos de que existan recursos adecuados para ayudar a los niños que han sido víctimas de maltrato. Los refugios y centros de atención deben estar disponibles y accesibles para brindarles el apoyo y la atención que necesitan. Debemos trabajar en conjunto para construir una red de protección y cuidado para nuestros niños.

La lucha contra el maltrato infantil es una responsabilidad compartida. Todos tenemos un papel que desempeñar en la protección de nuestros niños. No podemos mirar hacia otro lado, esperando que alguien más tome medidas. Debemos actuar con valentía y determinación, convirtiéndonos en defensores de aquellos que más lo necesitan.

En este camino hacia un mundo sin maltrato infantil, no estaremos solos. Encontraremos aliados y comunidades dispuestas a unirse a la causa. Juntos, podemos lograr un cambio significativo y brindarles a nuestros niños la protección y el amor que merecen.

Y así, con cada denuncia, con cada apoyo brindado, estaremos construyendo un futuro más seguro y amoroso para nuestros niños. Rompamos el silencio, alzando nuestras voces en defensa de aquellos que no pueden hacerlo por sí mismos. Juntos, hagamos del mundo un lugar donde todos los niños puedan crecer y florecer en un ambiente de amor y respeto.

La historia de estos niños nos enseña que, a pesar de las adversidades, la esperanza y la valentía pueden prevalecer. Cada uno de nosotros tiene el poder de marcar la diferencia en la vida de un niño. Podemos ser la luz en su oscuridad, el refugio en su tormenta.

Recordemos siempre que los niños son el presente y nuestro futuro, y depende de nosotros construir un mundo donde puedan florecer y alcanzar su máximo potencial. Juntos, podemos romper los ciclos de violencia y darles la oportunidad de vivir una vida llena de amor, felicidad y esperanza.

7. RELATO DE LA VIDA

Yo miraba al horizonte, preguntándome si algún día podríamos escapar de esa vida llena de miedo y sufrimiento, pero a pesar de todas las dificultades, siempre había un rayo de esperanza que brillaba en mi corazón y ese brillo era la presencia de mi madre que nunca nos abandonó. Recuerdo sus palabras, como un bálsamo para mi alma, nos animaba a no perder la fe, a seguir adelante a pesar de las dificultades. Con cada abrazo y cada palabra de aliento, nos recordaba que éramos amados y que siempre estaría allí para nosotros.

Aunque las noches eran largas y frías, mi madre siempre encontraba la manera de mantenernos cálidos; a veces, no teníamos más que su abrazo para protegernos del frío y la oscuridad, pero su amor y su dedicación eran suficientes para iluminar nuestras vidas.

Sin embargo, a medida que crecíamos, también crecía dentro de mí un deseo ardiente de escapar de esa realidad opresiva. Me negaba a aceptar que esa vida era todo lo que merecíamos. Soñaba con un futuro donde pudiéramos vivir sin miedo, rodeados de amor y felicidad.

Esa determinación me impulsó a luchar por un cambio. Me prometí a mí mismo que no permitiría que el ciclo de abuso y tristeza se repitiera en mi propia vida. Sabía que tenía que encontrar una salida, una manera de romper las cadenas que nos mantenían prisioneros.

Con cada amanecer, renacía mi esperanza. El sol brillaba sobre nosotros, confundiéndose entre los rostros tristes y desesperanzados de aquellos que nos rodeaban. Pero en mi corazón, sabía que había algo más para nosotros.

A medida que crecía, también crecía mi determinación y mi fuerza. Me educaba, buscaba oportunidades y me rodeaba de personas que creían en mí. Sabía que tenía que romper el ciclo, no solo por mí, sino también por mi madre y mis hermanas.

No fue fácil, hubo momentos en los que tropecé y sentí que no podía seguir adelante. Pero siempre recordaba el amor y la valentía de mi madre, y eso me daba fuerzas para seguir luchando. Finalmente, encontré la salida a través del estudio, el trabajo duro y la perseverancia, logré crear una vida diferente a la que había conocido. Pude brindarles a mis seres queridos la seguridad y la felicidad que tanto merecían.

Hoy, miro atrás y veo lo lejos que hemos llegado. La oscuridad y el miedo quedaron atrás, reemplazados por la luz y la esperanza. Pero nunca olvido de dónde venimos y las lecciones que aprendimos en el camino. Esas lecciones me invitan a ser humilde y luchar por una sociedad mejor.

Esta pequeña historia de mi vida es una prueba de que, a pesar de las circunstancias difíciles, siempre hay esperanza, siempre hay una oportunidad de cambiar y crear un futuro mejor. Pero también es una llamada de atención para todos aquellos que pueden estar viviendo en situaciones similares.

La vida es demasiado corta para vivir en tristeza y desesperanza. Mereces ser amado, protegido y cuidado, mereces un futuro lleno de oportunidades y alegría. No te rindas, porque siempre hay una luz al final del túnel.

A lo largo de mi vida, he tenido que enfrentar muchas preguntas sin respuesta. ¿Por qué mi padre se comportó de esa manera? ¿Por qué mi madre tuvo que soportar tanta injusticia? Estas interrogantes me han perseguido durante años y han dejado una marca profunda en mi corazón.

Cuando era solo un niño de cinco años, no tenía la capacidad de entender la complejidad de la situación. Mi mente estaba llena de confusión y miedo, mientras observaba la tristeza en los ojos de mi madre y mis hermanas. Nos encontrábamos encerrados en una cárcel invisible, donde nuestras voces parecían apagarse. O no tener ningún significado.

En medio de esa oscuridad, siempre buscaba algún detalle que me recordara momentos hermosos junto a mi padre. Pero mi mente parecía estar vacía, sin ninguna conexión que me llevara a experimentar ese amor de padre, amigo o compañero. A medida que pasaban los años, comencé a comprender de manera lenta y dolorosa su comportamiento nefasto e injustificable, que había empañado nuestras vidas y nos había dejado abandonados.

Aún hoy, me cuesta entender cómo puedo asociar el rostro de mi madre con el comportamiento erróneo de mi padre. Mi madre es la persona más dulce y amorosa que existe en mi vida y, sin embargo, al mirar su rostro, a veces me asaltan imágenes de maldad y desesperación. Es un conflicto interno que de poco a poco me he podido liberar.

No guardo rencor hacia mi padre, pero me ha tomado muchos años entender su actitud. Poco a poco, he aprendido que cada persona tiene sus propios demonios internos, sus luchas y sus heridas. Aunque no justifica sus acciones, me ha ayudado a comprender que nadie es completamente bueno o malo.

Mi madre, a pesar de todo lo que ha pasado, ha demostrado una fortaleza y un amor inquebrantable a través de sus brazos cálidos y sus palabras de aliento, nos ha demostrado que siempre estará allí para protegernos. Ella ha sido nuestro refugio en medio de la tormenta, nuestra luz en la oscuridad. Y ha sido esa guía en nuestro camino.

A medida que crecí, comencé a comprender que la historia de mi vida no debe definirme ni limitarme. Aunque hemos pasado por momentos difíciles, tengo la capacidad de superarlos y encontrar mi propia felicidad. No soy víctima de las circunstancias, sino un protagonista de mi propia historia.

A través del tiempo, he aprendido que el perdón es una herramienta poderosa para sanar y avanzar. No significa olvidar o justificar las acciones de otros, pero sí liberarse del peso del resentimiento y la amargura. Perdonar a mi padre me ha permitido liberar el dolor y encontrar la paz en mi corazón.

8. MUERTE DE MI PADRE

En mi pequeño pueblo, mi padre era un hombre ampliamente conocido y respetado. En el ámbito de los negocios, había alcanzado un gran éxito, pero desafortunadamente, también luchaba contra una adicción: al alcohol. El contraste entre su imagen pública y su comportamiento privado era abrumador.

Cuando mi padre regresaba a casa bajo los efectos del alcohol, se transformaba en un monstruo, golpeaba a mi madre, a mis hermanas y a mí, convirtiendo nuestro hogar en un lugar de miedo y dolor. Cada día, vivíamos con el temor constante de sus estallidos de ira y maltrato.

Un día, mientras jugaba con mi hermanito, tuvimos un accidente y rompimos un vidrio en la casa. En un arranque de furia, mi padre me golpeó con una rama de un árbol y luego tomó una soga para colgarme del cuello. Ese fue el último recuerdo que tengo de ese día. Al día siguiente, desperté con un dolor inmenso en mi pequeño cuerpo de apenas 6 años. Con el tiempo el dolor del cuerpo pasó, pero el dolor en mi corazón se mantuvo por muchos años.

La vida de mi padre, aunque parecía exitosa en el mundo de los negocios, estaba lejos de ser perfecta. Detrás de esa fachada de éxito, se escondía una mente perturbada y un hogar sumido en el caos. Mientras el mundo lo veía como un hombre exitoso, para nosotros, su familia, era un desastre. Poco a poco, mi padre comenzó a mostrar signos evidentes de su perturbación mental. Su comportamiento cambiaba constantemente, y su estado de ánimo oscilaba entre la ira y la tristeza. Era evidente que estaba luchando internamente, pero no encontraba una forma de lidiar con sus demonios.

Un día, en un intento desesperado por encontrar una solución a su dolor, mi padre tomó una decisión devastadora. Decidió quitarse la vida, sin importarle las consecuencias que esto tendría para mi madre, quien quedaría sola, y para nosotros, sus hijos, quienes nos quedaríamos sin padre. La partida de mi padre pareció ser un descanso esperado después de todo, su ausencia significaba el fin de la tensión y el conflicto que siempre lo rodeaban, sin embargo, pronto nos dimos cuenta de que su partida no era la solución que esperábamos.

A medida que el tiempo pasaba, nos dimos cuenta de que la ausencia de mi padre no eliminaba el dolor y el vacío que había dejado. Aunque su presencia había sido tumultuosa, también había conexión con él. Ahora, esos momentos se habían desvanecido, y solo quedaba el dolor de su pérdida y las preguntas sin respuesta.

La tristeza y la culpa comenzaron a invadir nuestras vidas. Nos cuestionábamos si hubiésemos podido hacer algo para evitar su trágico final. Nos preguntábamos si podríamos haberle brindado el apoyo que tanto necesitaba, si hubiéramos sabido realmente lo que estaba pasando en su mente atormentada.

A lo largo de los años, hemos aprendido que la salud mental es un tema delicado y complejo. No podemos subestimar el impacto que puede tener en la vida de una persona y en la de sus seres queridos.

La partida de mi padre nos ha enseñado a valorar la importancia de cuidar y apoyar nuestra salud mental y la de aquellos que amamos. También nos ha recordado que el amor y la comprensión son fundamentales para enfrentar los desafíos que la vida nos presenta, la mente perturbada de mi padre y su trágica decisión de quitarse la vida dejaron una profunda huella en nuestras vidas. Aunque su partida pudo haber sido vista como un descanso esperado, pronto nos dimos cuenta de que no era la solución que esperábamos. La pérdida de mi padre fue un choque para todos nosotros a pesar de su comportamiento abusivo, todavía había una parte de nosotros que anhelaba su amor y aprobación. Nos encontramos lidiando con sentimientos encontrados de dolor, alivio y culpa.

Sin embargo, con el tiempo, comenzamos a reconstruir nuestras vidas. Nos apoyamos mutuamente para sanar nuestras heridas emocionales. Aprendimos a separar la imagen pública de mi padre de la realidad del hombre que era en el hogar.

A medida que crecíamos, nos dimos cuenta de que no éramos responsables de las acciones de nuestro padre. Comenzamos a trabajar en nuestro propio crecimiento personal y en la superación de las secuelas del abuso que habíamos experimentado.

La historia de mi vida está marcada por el sufrimiento y el trauma causados por mi padre, pero también por la resiliencia y la fuerza que encontramos dentro de nosotros mismos para superarlo. Aprendimos a buscar el amor y el apoyo en otros lugares, a rodearnos de personas que nos valoraban y nos trataban con respeto.

Aunque las cicatrices psicológicas aún están presentes en nuestras vidas, hemos encontrado formas de sanar y construir un futuro mejor. Nos hemos convertido en sobrevivientes, en personas que se niegan a ser definidas por el pasado y que luchan por encontrar la felicidad y la paz interior.

Mi padre puede haber dejado un legado de dolor, pero nosotros decidimos escribir nuestra propia historia. Nos negamos a permitir que el abuso y la violencia definan quiénes somos. En su memoria, nos esforzamos por ser personas compasivas y amorosas, rompiendo el ciclo de violencia y construyendo una vida llena de esperanza y positividad.

9. UN CAMINO DE AUTODESCUBRIMIENTO Y CRECIMIENTO

Hoy en día, me encuentro en un camino de autodescubrimiento y crecimiento. A pesar de los desafíos que enfrenté en mi infancia, he aprendido a encontrar la belleza en las pequeñas cosas, a valorar el amor y la bondad en las personas que me rodean.

Mi historia no es solo una historia de dolor y desesperanza, sino también de resiliencia y superación; a través de la adversidad he aprendido a valorar la importancia de la familia, el amor y la esperanza, he aprendido a encontrar mi propio camino, a construir un futuro lleno de amor y felicidad.

A medida que crecía, me di cuenta de que no tenía que ser definido por mi pasado. Podía elegir cómo quería vivir mi vida y qué tipo de persona quería ser. Aunque las heridas del pasado estaban presentes, decidí que no me definirían, sino que me impulsarían a ser más fuerte.

Encontré consuelo y apoyo en personas que me rodeaban, en amigos y en mentores que creyeron en mí cuando yo no lo hacía. El amor y la bondad que encontré en ellos fueron como una luz que iluminó mi camino y me mostró que había esperanza incluso en los momentos más oscuros.

Con el tiempo, aprendí a perdonar y dejar ir el dolor que me había consumido durante tanto tiempo. Comprendí que el perdón no era para el beneficio de aquellos que me habían lastimado, sino para liberarme a mí mismo, para encontrar paz en mi corazón y avanzar hacia un futuro mejor.

A medida que me adentraba en mi propio viaje de autodescubrimiento, descubrí pasiones y talentos que nunca antes había explorado. La escritura se convirtió en mi refugio, en una forma de expresar mis emociones y compartir mi historia con el mundo. En cada palabra escrita, encontré una liberación y una conexión profunda conmigo mismo y con los demás.

También aprendí a valorar la importancia de construir relaciones saludables y amorosas. Me di cuenta de que merecía rodearme de personas que me apoyaran y me amaran incondicionalmente. Aprendí a establecer límites y a alejarme de aquellos que no valoraban mi bienestar y felicidad.

Mi camino de autodescubrimiento y crecimiento no ha sido fácil, pero cada paso que he dado me ha llevado más cerca de la persona que quiero ser. He aprendido a encontrar la belleza en las pequeñas cosas, a valorar los momentos de alegría y agradecer por cada oportunidad de crecer y prosperar.

Hoy en día, mi vida está llena de amor y felicidad, aunque las cicatrices del pasado permanecen, ya no me definen. Me he convertido en alguien fuerte y resiliente, alguien que ha encontrado su voz y está dispuesto a luchar por lo que cree.

Mi historia no es solo mía, sino también la de todos aquellos que han pasado por situaciones similares, a través de mi propia experiencia, espero inspirar a otros a encontrar la fuerza para superar sus propios desafíos y a descubrir la belleza y el amor que hay en el mundo.

En cada pequeño paso que damos en nuestro camino de autodescubrimiento, nos acercamos a la vida plena y feliz que merecemos. No permitamos que nuestro pasado nos defina, sino que nos impulse a ser mejores y a construir un futuro lleno de amor y felicidad.

Los años siguen pasando, las complicaciones continúan. La vida siempre nos presenta desafíos inesperados, y en mi caso, la partida de mi hermano fue uno de los golpes más duros que tuve que enfrentar. Sus últimas imágenes se grabaron en mi mente, sus mejillas bañadas en lágrimas mientras el dolor emanaba de su ser, mis hermanas y yo nos encontrábamos abrumados, incapaces de consolar su llanto desconsolado. No comprendíamos del todo lo que estaba sucediendo, pero sabíamos que algo se había perdido para siempre.

Quizás la tristeza que sentimos en ese momento se debía a que estábamos acostumbrados al maltrato, tanto físico como psicológico, que habíamos experimentado a lo largo de nuestra vida. Las heridas visibles y las cicatrices emocionales eran una parte constante de nuestro día a día, sin embargo, la partida de mi hermano parecía llevarse consigo una parte de nuestra existencia, dejando un gran vacío en nuestros corazones.

No tuvimos la oportunidad de despedirnos, de decirle todas aquellas palabras que habíamos guardado durante tanto tiempo. Se fue sin saber cuánto lo amábamos, sin comprender el impacto que había tenido en nuestras vidas. Ahora, con su ausencia, nos enfrentábamos a la realidad que ya no estaría allí para protegernos, para ser nuestro refugio en medio de la tormenta.

Pero a medida que el tiempo pasaba, comenzamos a comprender que su partida también nos brindaba una oportunidad de sanar, de reconstruirnos a nosotros mismos a pesar del dolor y la tristeza, encontramos fuerza en nuestra unión como hermanos. Nos apoyamos mutuamente, compartiendo nuestras historias y liberando el peso que habíamos llevado durante tanto tiempo.

Aprendimos a valorarnos a nosotros mismos y a luchar por una vida mejor. El vacío en nuestros corazones nunca desapareció por completo, pero encontramos formas de llenarlo con amor propio y la esperanza de un futuro más brillante. La partida de mi hermano nos enseñó a apreciar cada momento, a abrazar la vida con gratitud y a nunca dar por sentado el amor y la compañía de aquellos que aún están a nuestro lado.

10. CUANDO FRANKLIN PARTIÓ

En una hermosa mañana de campo, mis hermanas Mariana y Ninfa acompañaban a nuestro hermano Franklin mientras exploraban las praderas que rodeaban la casa de la abuela. El sol brillaba radiante y el aire fresco les llenaba de energía y alegría.

Sin embargo, en un instante todo cambió. Franklin, aún muy pequeño, resbaló y cayó al barranco que se extendía a nuestro lado. El corazón de mi hermana se detuvo en ese momento y el miedo los invadió. Mis hermanas corrieron hacia él, pero fue evidente que la caída había dejado una marca profunda en su cuerpo y su espíritu.

Durante mucho tiempo, Franklin luchó contra las secuelas de aquel accidente, todo su cuerpo quedó paralizado y las limitaciones que enfrentaba día a día eran inmensas, a pesar de ello, nunca perdió su sonrisa y su determinación. Nos mostró una fuerza interior que nos inspiró a todos.

A lo largo de un año, todo su cuerpo se deterioró y nuestra familia se unió para brindarle el amor y el apoyo incondicional que necesitaba. Buscamos tratamientos y terapias, y nos aseguramos de que Franklin tuviera todo lo que necesitaba para llevar una vida plena a pesar de las dificultades, sin embargo, a pesar de nuestros esfuerzos, la vida tenía otros planes para él.

El día en que Franklin partió, un profundo vacío se instaló en nuestras vidas. Su partida marcó el fin de una etapa de tristeza en nuestra niñez, pero también dejó un vacío en nuestros corazones que nunca podrá ser llenado por completo. Extrañamos su risa contagiosa, su espíritu valiente y su amor incondicional.

A medida que el tiempo pasaba, aprendimos a vivir con su ausencia. Nos aferramos a los recuerdos felices que compartimos juntos y encontramos consuelo en saber que Franklin ya no sufría. Poco a poco, el dolor se transformó en una motivación para vivir nuestras vidas de la mejor manera posible, honrando su memoria y valorando cada momento que tenemos con nuestros seres queridos.

La historia de mi vida está marcada por la pérdida de Franklin, pero también por el amor y la resiliencia que encontramos en medio de la adversidad. Su legado vive en nuestros corazones y en la forma en que enfrentamos los desafíos de la vida. Aprendimos a apreciar la belleza de cada día y a abrazar la alegría y la esperanza, incluso en los momentos más oscuros.

La historia de nuestra niñez está entrelazada con tristeza, pero también con amor, fortaleza y la promesa de un futuro lleno de posibilidades. Aunque su partida dejó un vacío, su espíritu continuará guiándonos y recordándonos que la vida es frágil y preciosa. Seguiremos adelante, llevando su memoria con nosotros mientras avanzamos en nuestro camino, siempre agradecidos por el tiempo que vivimos junto a él.

11. INCENDIO DE NUESTRA CASA

Cuando tenía tan solo 8 años, la vida continuó golpeando a nuestra familia con fuerza. Un día, un terrible incendio arrasó con nuestra humilde casa y nos dejó sin techo. Nos encontramos repentinamente en la calle, sin nada más que las cenizas y los recuerdos de lo que una vez fue nuestro hogar.

A pesar de la adversidad, nos sorprendió la generosidad y solidaridad de nuestro pueblo. La noticia de nuestra tragedia se extendió rápidamente y pronto recibimos ayuda de todos lados. Las personas de la comunidad se unieron para ofrecernos ropa, alimentos y refugio temporal. En nuestro momento de necesidad, el pueblo se convirtió en nuestra familia extendida, brindándonos apoyo incondicional.

Agradecidos por la ayuda material que recibimos, nos dimos cuenta de que había una herida más profunda que aún necesitaba sanar. Las consecuencias emocionales del incendio amenazaban con invadir nuestras vidas nuevamente, dejándonos con una sensación de vulnerabilidad y desamparo.

Nos enfrentamos a la tarea de reconstruir nuestras vidas y superar las secuelas emocionales para lidiar con el trauma y aprendimos a expresar nuestras emociones de manera saludable. Juntos, como familia, nos apoyamos mutuamente y nos recordamos constantemente que somos más fuertes de lo que creemos.

A pesar del dolor y la pérdida, encontramos lecciones valiosas en la adversidad. Aprendimos a valorar las cosas simples de la vida, a apreciar los momentos de felicidad y a no dar por sentado el amor y la conexión humana. Descubrimos que, incluso en medio de la tragedia, existe la belleza de la solidaridad y la compasión.

A medida que el tiempo pasaba, reconstruimos nuestro hogar, pero también nuestras vidas. Aprendimos a superar los obstáculos con determinación y a encontrar la fuerza interior para seguir adelante. El incendio se convirtió en una parte de nuestra historia, pero no nos definió. Nos convertimos en supervivientes, en personas resilientes que se niegan a dejarse vencer por las dificultades.

Hoy, mirando hacia atrás, nos damos cuenta de que las cosas materiales pueden ser reemplazadas, pero el amor y la conexión humana son invaluables. Nuestro pueblo nos mostró que, incluso en los momentos más oscuros, la bondad y la empatía pueden iluminar el camino.

La historia de mi vida está llena de desafíos, pero también de esperanza y superación. Aprendimos que las cicatrices emocionales pueden tardar en sanar, pero también pueden hacernos más fuertes. Nos convertimos en testigos de la resiliencia del espíritu humano y en defensores de la importancia de la compasión y el apoyo mutuo.

A través de nuestras experiencias, nos convertimos en portadores de una historia de lucha y supervivencia. Nuestro objetivo es inspirar a otros a enfrentar sus propios desafíos con valentía y a encontrar la luz en medio de la oscuridad. La vida puede ser dura, pero también está llena de oportunidades para crecer, amar y encontrar la felicidad.

12. AMOR, COMPASIÓN Y CARIDAD

En un mundo que a menudo parece sumergido en el caos y la indiferencia, hay tres poderosas fuerzas que pueden traer luz y esperanza: el amor, la compasión y la caridad humana. Estos pilares fundamentales de la existencia humana son capaces de transformar vidas y trascender barreras, llevando consuelo y sanación a aquellos que más lo necesitan.

El amor, esa fuerza intrínseca que late en lo más profundo de nuestro ser, es la esencia misma de nuestra humanidad. Es un sentimiento que nos conecta a todos, sin importar nuestras diferencias. El amor nos enseña a aceptar a los demás tal como son, a valorar su singularidad y a brindarles apoyo incondicional. En su forma más pura, el amor es un regalo desinteresado que trasciende el egoísmo y nos permite experimentar una conexión profunda y significativa con los demás.

La compasión, por su parte, es la capacidad de ponerse en el lugar del otro y experimentar su dolor. Es un acto de empatía y solidaridad que nos lleva a actuar en beneficio de aquellos que sufren. La compasión nos impulsa a tender una mano amiga, a escuchar con atención y a ofrecer consuelo en momentos de dificultad. Es la chispa que enciende la llama de la esperanza en el corazón de aquellos que se sienten desamparados, recordándoles que no están solos en su camino. Y finalmente, la caridad humana, que va más allá de la mera generosidad material, es el acto de dar sin esperar nada a cambio. Es un compromiso con el bienestar de los demás, una acción desinteresada que busca aliviar las cargas de aquellos menos afortunados. La caridad humana puede manifestarse de muchas formas: desde donar tiempo y recursos a organizaciones benéficas, hasta ofrecer una sonrisa o una palabra de aliento a alguien que atraviesa tiempos difíciles. Es un recordatorio constante de que todos podemos marcar una diferencia positiva en la vida de los demás.

13. TRANSFORMANDO MI VIDA A TRAVÉS DEL PODER DEL AMOR

Cambiar nuestra vida puede parecer una tarea monumental, llena de desafíos y obstáculos. Sin embargo, hay una fuerza poderosa que puede guiar nuestro camino y generar una verdadera transformación: EL AMOR.

El amor, en todas sus formas, tiene el poder de sanar, inspirar y elevar nuestras vidas a niveles inimaginables. Al utilizar el amor como herramienta de cambio, podemos experimentar una profunda conexión con nosotros mismos y con los demás, y descubrir una nueva perspectiva de la vida.

En primer lugar, el amor propio es fundamental. Aprender a amarnos y aceptarnos tal como somos nos permite liberarnos de la crítica y el juicio negativo. Al reconocer y valorar nuestras cualidades y fortalezas, cultivamos una autoestima saludable y una confianza en nosotros mismos que nos impulsa a alcanzar nuestras metas y sueños.

Además, el amor hacia los demás nos brinda la oportunidad de construir relaciones significativas al demostrar empatía, compasión y generosidad hacia aquellos que nos rodean; creamos un entorno de apoyo y cambio. El acto de amar a los demás nos permite ver más allá de nuestras propias necesidades y contribuir al bienestar de los demás, generando un impacto positivo en sus vidas y en la nuestra.

El amor también puede ser una fuerza transformadora en nuestras elecciones y acciones diarias. Al tomar decisiones basadas en el amor, priorizando el bienestar de nosotros mismos y de los demás, creamos un entorno de armonía y respeto. Además, cultivamos una mentalidad de gratitud y apreciación por las bendiciones que nos rodean, lo que nos permite encontrar alegría y satisfacción en las cosas simples de la vida.

En resumen, cambiar nuestra vida utilizando el amor implica abrazar el amor propio, nutrir relaciones positivas y tomar decisiones basadas en el amor y la compasión. A través de este camino, descubrimos una nueva forma de vivir, llena de felicidad, significado y propósito. Permítete ser guiado por el amor y verás cómo tu vida se transforma de manera extraordinaria.

El amor es el motor del cambio. ¡Atrévete a abrazarlo y verás cómo tu vida florece de una manera hermosa y asombrosa!

14. ABRAZANDO LA DIVERSIDAD, TRANSFORMANDO TU VIDA A TRAVÉS DE LA COMPASIÓN

En un mundo lleno de diversidad, donde cada individuo es único y tiene sus propias experiencias y perspectivas, la compasión se convierte en una poderosa herramienta para cambiar nuestras vidas y crear un entorno de armonía y entendimiento mutuo.

La compasión nos invita a abrir nuestros corazones y mentes hacia los demás, a reconocer y valorar la diversidad que nos rodea. Al cultivar la compasión, dejamos de juzgar y etiquetar, y comenzamos a comprender y aceptar las diferencias que nos hacen únicos.

Al utilizar la compasión como guía en nuestras interacciones diarias, creamos espacios de inclusión y respeto. Nos volvemos más receptivos a las experiencias y desafíos de los demás, y buscamos formas de apoyar y brindar consuelo. La compasión nos desafía a ser más empáticos, a escuchar activamente y a poner en práctica la empatía, promoviendo un entendimiento más profundo y una conexión genuina con aquellos que nos rodean.

Al cambiar nuestra perspectiva y abrazar la diversidad con compasión, también cambiamos nuestra propia vida. Nos liberamos de prejuicios y estereotipos, y nos abrimos a nuevas ideas y oportunidades. A medida que nos relacionamos con personas de diferentes culturas, creencias y experiencias, ampliamos nuestro horizonte y enriquecemos nuestra visión del mundo.

La compasión también nos lleva a actuar en beneficio de los demás y de la sociedad en general. Nos impulsa a ser agentes de cambio y promover la justicia social. Al comprender las desigualdades y desafíos que enfrentan otros, nos motivamos a contribuir a un mundo más equitativo y compasivo, donde todos puedan tener igualdad de oportunidades y ser valorados por quienes son.

En resumen, cambiar nuestra vida utilizando la compasión en un mundo diverso implica abrirnos a nuevas perspectivas, practicar la empatía y buscar formas de apoyar y comprender a los demás. Al abrazar la diversidad con compasión, no solo transformamos nuestras propias vidas, sino que también contribuimos a construir un mundo más inclusivo y armonioso para todos.

¡Permítete ser guiado por la compasión y descubre cómo esta virtud puede cambiar tu vida y el mundo que te rodea!

15. FORTALECIENDO VÍNCULOS, TRANSFORMANDO TU VIDA A TRAVÉS DE LA LEALTAD Y EL RESPETO

La lealtad y el respeto son cualidades fundamentales que pueden tener un impacto profundo en nuestras vidas y en nuestras relaciones con los demás. Al utilizar la lealtad y el respeto como pilares para cambiar nuestra vida, podemos cultivar conexiones sólidas y construir un entorno enriquecedor y significativo.

La lealtad es un compromiso profundo de apoyo y fidelidad hacia aquellos que consideramos importantes en nuestras vidas. Al ser leales, demostramos un sentido de responsabilidad y compromiso hacia los demás, valorando y protegiendo las relaciones que hemos establecido. La lealtad nos permite construir una red de confianza y seguridad, y nos brinda la base para un crecimiento mutuo y un apoyo incondicional.

El respeto, por otro lado, es un ingrediente esencial para las interacciones saludables y significativas. Al mostrar respeto hacia los demás, reconocemos y valoramos su dignidad, sus opiniones y su individualidad. El respeto nos lleva a tratar a los demás con cortesía, consideración y empatía, creando un ambiente de respeto mutuo y comprensión.

Cuando aplicamos la lealtad y el respeto en nuestras relaciones, experimentamos cambios significativos en nuestro bienestar emocional y en la calidad de nuestras conexiones. La lealtad nos brinda la confianza y la seguridad de que podemos contar con los demás en momentos de dificultad, y nos permite construir relaciones duraderas y significativas basadas en la confianza mutua. El respeto, por su parte, fomenta la comunicación abierta, honesta y nos permite aprender a crecer a través de la diversidad de perspectivas.

Al cambiar nuestra vida utilizando la lealtad y el respeto, también nos transformamos a nosotros mismos. Nos volvemos conscientes de la importancia de ser íntegros y valiosos en nuestras acciones y palabras. Al cultivar la lealtad y el respeto, nos convertimos en personas más auténticas, compasivas y conscientes de nuestro impacto en los demás.

En resumen, cambiar nuestra vida utilizando la lealtad y el respeto implica comprometernos a construir relaciones sólidas y significativas, basadas en la confianza y la consideración mutua. Al practicar la lealtad, demostramos nuestro apoyo y compromiso hacia los demás; al mostrar respeto, valoramos y honramos la individualidad y dignidad de cada persona. Al hacerlo, transformamos nuestras vidas y contribuimos a crear un entorno de armonía, respeto y crecimiento mutuo.

¡Permítete vivir una vida llena de lealtad y respeto, y descubre cómo estas cualidades pueden enriquecer tu vida y tus relaciones de una manera significativa y duradera!

16. FORMANDO MI PROPIO CAMINO, TRANSFORMANDO MI VIDA A TRAVÉS DE LA EDUCACIÓN EN EL HOGAR Y EL RESPETO A LA SOCIEDAD

La educación en el hogar y el respeto a la sociedad son dos elementos poderosos que juntos pueden transformar nuestra vida y permitirnos alcanzar nuestro máximo potencial. Al utilizar la educación en el hogar como base y combinarla con un profundo respeto hacia la sociedad, podemos abrir nuevas puertas de oportunidad y crecimiento personal.

La educación en el hogar nos brinda la valiosa oportunidad de aprender y crecer en un entorno flexible y personalizado. Al tomar el control de nuestra propia educación, podemos adaptar el currículo a nuestras necesidades y pasiones individuales. Esto nos permite explorar áreas que nos interesan y desarrollar habilidades específicas, lo que a su vez nos impulsa a alcanzar nuestros objetivos y seguir nuestros sueños.

La educación en el hogar también nos enseña la importancia de la autodisciplina y la responsabilidad. Al asumir la responsabilidad de nuestro propio aprendizaje, aprendemos a establecer metas, administrar nuestro tiempo y mantenernos motivados. Estas habilidades son fundamentales para el éxito en cualquier área de la vida y nos proporcionan una base sólida para enfrentar los desafíos futuros.

Sin embargo, es igualmente importante combinar la educación en el hogar con un profundo respeto hacia la sociedad en la que vivimos. El respeto a la sociedad implica comprender y apreciar las normas, valores y diversidad de la comunidad en la que nos desenvolvemos. Nos impulsa a contribuir de manera positiva, a respetar los derechos de los demás y a ser ciudadanos responsables.

Al combinar la educación en el hogar con el respeto a la sociedad, podemos aprovechar al máximo nuestras habilidades y conocimientos adquiridos. Podemos utilizar nuestra educación para marcar una diferencia en el mundo, ya sea a través del servicio a los demás, la promoción de causas sociales o la creación de soluciones innovadoras para los desafíos que enfrenta la sociedad.

Además, el respeto a la sociedad nos permite conectarnos con personas de diferentes orígenes y perspectivas. Nos abre a nuevas ideas y experiencias, ampliando nuestra comprensión y enriqueciendo nuestra vida. Al respetar y valorar la sociedad en la que vivimos, nos convertimos en agentes de cambio positivo y contribuimos a la construcción de una comunidad más inclusiva y equitativa.

En resumen, cambiar nuestra vida utilizando la educación en el hogar y el respeto a la sociedad nos brinda la oportunidad de forjar nuestro propio camino, desarrollar nuestras habilidades y contribuir al bienestar de la comunidad. Al combinar un enfoque personalizado de aprendizaje con una mentalidad respetuosa hacia los demás, podemos alcanzar un equilibrio entre el crecimiento individual y la responsabilidad social.

¡Permítete aprovechar al máximo la educación en el hogar y cultiva un profundo respeto hacia la sociedad en la que vives! Descubrirás cómo estos dos elementos pueden transformar tu vida y te ayudará a crear un impacto positivo en el mundo que te rodea.

17. SEMBRANDO LOS CIMIENTOS DEL ÉXITO, CAMBIANDO UNA VIDA A TRAVÉS DE LA EDUCACIÓN EN EL HOGAR DURANTE LOS PRIMEROS 7 AÑOS DE VIDA DE UN NIÑO

Los primeros años de vida de un niño son cruciales en su desarrollo y sentarán las bases para su éxito futuro. La educación en el hogar durante esta etapa temprana puede tener un impacto significativo en su crecimiento y proporcionar una base sólida para su vida académica y personal. Al aprovechar esta etapa crucial y brindar una educación en el hogar enriquecedora, podemos cambiar nuestras vidas y las de nuestros hijos de manera positiva.

La educación en el hogar en los primeros 7 años de vida de un niño ofrece una oportunidad única para establecer una conexión cercana y personalizada con el niño. Como padres o cuidadores, podemos proporcionar un ambiente de aprendizaje estimulante y seguro, adaptado a las necesidades e intereses individuales del niño. Esto nos permite aprovechar al máximo su curiosidad natural y fomentar un amor por el aprendizaje desde una edad temprana.

Al educar en el hogar durante estos años formativos, también podemos ofrecer una educación holística que abarque diversos aspectos del desarrollo del niño. Podemos enfocarnos en el desarrollo cognitivo, emocional, social y físico, ofreciendo una educación integral que promueva un crecimiento equilibrado en todas estas áreas. Esto ayuda a fortalecer las habilidades fundamentales que servirán como base para el éxito académico y personal en el futuro.

Además, la educación en el hogar durante los primeros años de vida de un niño nos brinda la oportunidad de inculcar valores y habilidades socioemocionales importantes. Podemos enseñarles sobre el respeto, la empatía, la resiliencia y la comunicación efectiva. Estas habilidades son fundamentales para interactuar con el mundo que les rodea y desarrollar relaciones saludables y significativas.

La educación en el hogar durante esta etapa también nos permite adaptar el ritmo y el enfoque de aprendizaje a las necesidades individuales del niño. Podemos ofrecer un entorno libre de presiones externas y fomentar un amor por el aprendizaje autodirigido. Esto no solo promueve la motivación intrínseca y la curiosidad del niño, sino que también le permite explorar y descubrir sus propios intereses y pasiones.

Al cambiar nuestras vidas a través de la educación en el hogar durante los primeros 7 años de vida de un niño, también estamos creando un impacto a largo plazo en su vida. Estamos sentando las bases para un futuro académico sólido, pero también estamos inculcando un amor por el aprendizaje y una mentalidad de crecimiento que los acompañará durante toda su vida.

En resumen, la educación en el hogar durante los primeros 7 años de vida de un niño nos brinda la oportunidad de cambiar nuestras vidas y las de nuestros hijos. Al proporcionar un ambiente de aprendizaje estimulante, adaptado a sus necesidades individuales y centrado en valores y habilidades clave, podemos establecer las bases para un crecimiento integral y un éxito futuro. Permítete aprovechar esta etapa crucial y descubre cómo la educación en el hogar puede transformar tu vida y la de tu hijo de manera positiva.

18. RENACIENDO EN EL AMOR Y LA FE, TRANSFORMANDO LA VIDA EN UN HOGAR A TRAVÉS DE LA FE Y EL AMOR

La fe y el amor son dos fuerzas poderosas que pueden transformar por completo nuestras vidas y nuestros hogares. Al utilizar la fe como guía y el amor como motor, podemos experimentar una verdadera transformación en nuestras vidas y en la vida de nuestra familia.

La fe nos brinda una base sólida en la que podemos apoyarnos y encontrar consuelo en los momentos difíciles. Al tener fe en algo más grande que nosotros mismos, encontramos esperanza y fortaleza para enfrentar los desafíos de la vida. La fe nos ayuda a mantenernos enfocados en lo positivo y a confiar en que todo sucede por una razón. Al integrar la fe en nuestro hogar, creamos un ambiente de paz y serenidad que se refleja en nuestras acciones y relaciones.

El amor, por su parte, es el vínculo que une y fortalece a una familia. El amor incondicional y genuino que sentimos por nuestros seres queridos nos impulsa a ser comprensivos, compasivos y generosos. El amor nos permite superar diferencias y perdonar, creando un ambiente de armonía y unidad en nuestro hogar. Al amarnos mutuamente, fomentamos un sentido de pertenencia y seguridad emocional, lo que nos permite abordar los desafíos de la vida juntos.

La fe y el amor no solo transforman nuestras vidas individualmente, sino que también tienen un impacto profundo en nuestras relaciones familiares. Al vivir con fe y amor, establecemos un ejemplo poderoso para nuestros hijos y otros miembros de la familia, les enseñamos a confiar en algo más grande que ellos mismos y a valorar y respetar a los demás. La fe y el amor nos impulsan a cuidar y apoyar a nuestros seres queridos en cada paso del camino, creando vínculos familiares duraderos y significativos, además, nos brindan la oportunidad de servir a los demás y marcar una diferencia en nuestra comunidad. Al vivir con fe, encontramos propósito y significado en nuestras acciones diarias. Al amar a los demás, somos más conscientes de las necesidades de los demás y buscamos maneras de ayudar y contribuir a un mundo mejor. Al extender nuestro amor y fe más allá de nuestro hogar, generamos un impacto positivo en la sociedad y nos convertimos en agentes de cambio.

En resumen, transformar la vida en un hogar utilizando la fe y el amor nos brinda la oportunidad de experimentar una verdadera transformación tanto individualmente como en nuestras relaciones familiares. Al integrar la fe en nuestras vidas, encontramos esperanza y fortaleza en los momentos difíciles. Al amar incondicionalmente, creamos un ambiente de unidad y generosidad en nuestro hogar. Permítete vivir con fe y amor, y descubre cómo estas poderosas fuerzas pueden transformar tu vida y la vida de tu familia para siempre.

19. RENOVANDO EL HOGAR A TRAVÉS DE LA SABIDURÍA BÍBLICA, TRANSFORMANDO LA VIDA EN UN HOGAR BASADO EN 5 CITAS BÍBLICAS PODEROSAS

La sabiduría y enseñanzas de la Biblia pueden tener un impacto significativo en la forma en que vivimos nuestras vidas y cómo construimos nuestros hogares. El incorporar estas cinco citas bíblicas poderosas en nuestra vida cotidiana experimenta una transformación profunda y duradera en nuestro hogar.

1. «Ama al Señor tu Dios con todo tu corazón, con toda tu alma y con toda tu mente». (Mateo, 22:37): Esta cita nos recuerda la importancia de poner a Dios en el centro de nuestras vidas y de nuestro hogar. Al amar a Dios con todo nuestro ser, cultivamos una relación más profunda y significativa con Él, lo que a su vez influencia positivamente nuestras relaciones familiares.

2. «Ama a tu prójimo como a ti mismo». (Mateo, 22:39): Esta enseñanza nos anima a practicar el amor incondicional y la compasión hacia los demás, incluyendo a nuestros seres queridos en el hogar. Al amar a nuestros familiares como amamos a nosotros mismos, creamos un ambiente de respeto, cuidado y apoyo mutuo en nuestro hogar.

3. «Sobre toda cosa guardada, guarda tu corazón; porque de él mana la vida». (Proverbios, 4:23): Esta cita nos insta a cuidar nuestros

corazones y nuestras emociones. Al ser conscientes de nuestras actitudes y pensamientos, podemos evitar conflictos innecesarios y promover la paz y la armonía en nuestro hogar.

4. «Honra a tu padre y a tu madre». (Éxodo, 20:12): Esta cita nos recuerda la importancia de mostrar respeto y gratitud hacia nuestros padres. Al practicar el respeto, modelamos un comportamiento adecuado para nuestros hijos y fortalecemos los lazos familiares.

5. «No se aflijan por nada, sino preséntenselo todo a Dios en oración». (Filipenses 4:6): Esta cita nos enseña la importancia de confiar en Dios y llevar nuestras preocupaciones a Él a través de la oración. Al confiar en Dios y buscar su dirección, encontramos consuelo y paz en medio de las dificultades, lo que nos ayuda a mantener un ambiente tranquilo y seguro en nuestro hogar.

Al incorporar estas cinco citas bíblicas poderosas en nuestra vida familiar, podemos transformar nuestra casa en un refugio de amor, respeto y fe. Estas enseñanzas nos guían hacia una vida centrada en Dios y en los demás, fomentando relaciones sólidas y significativas en nuestro hogar.

¡Permítete vivir según la sabiduría bíblica y experimenta la transformación que puede traer a tu vida y a tu hogar

20. CREANDO UN HOGAR LIBRE DE CHISMES, TRANSFORMANDO LA VIDA EN UN AMBIENTE DE AMOR Y RESPETO BASADO EN LA SABIDURÍA BÍBLICA.

El chisme puede ser una fuerza destructiva en nuestras vidas y en nuestros hogares. Sin embargo, al dejar de lado el chisme y adoptar una cultura de amor y respeto, podemos experimentar una transformación profunda en nuestra vida familiar. La sabiduría bíblica nos proporciona valiosas citas que nos guían en este camino.

1. «La lengua apacible es árbol de vida; más la perversidad de ella es quebrantamiento de espíritu». (Proverbios, 15:4): Esta cita nos recuerda el poder de nuestras palabras. Al elegir una comunicación apacible y evitar la perversidad y el chisme, construimos un ambiente de paz y armonía en nuestro hogar.

2. «El que guarda su boca y su lengua, guarda su alma de angustias». (Proverbios, 21:23): Esta enseñanza nos insta a ser conscientes de lo que decimos y cómo lo decimos. Al controlar nuestras palabras y evitar el chisme, protegemos nuestra alma y la de nuestros seres queridos de heridas y angustias innecesarias.

3. «No digas mentiras ni difundas calumnias». (Levítico, 19:16): Esta cita nos recuerda la importancia de ser honestos y evitar difundir rumores maliciosos. Al comprometernos a vivir en la verdad y a

no participar en el chisme, fortalecemos la confianza y el respeto en nuestro hogar.

4. «El que anda en chismes descubre el secreto; mas el de espíritu fiel guarda el asunto». (Proverbios, 11:13): Esta cita nos muestra las consecuencias negativas del chisme y la importancia de mantener la confidencialidad. Al ser personas de espíritu fiel y guardar los asuntos privados de nuestra familia, cultivamos un ambiente de confianza y seguridad.

Al dejar el chisme y adoptar una cultura de amor y respeto en nuestro hogar, creamos un ambiente enriquecedor y saludable para todos los miembros de la familia, alentamos la comunicación abierta y honesta, cultivamos la confianza y fortalecemos los lazos familiares. Además, al vivir según la sabiduría bíblica, nos alineamos con los principios divinos que nos conducen a una vida plena y significativa.

En conclusión, al dejar de lado el chisme y abrazar una cultura de amor y respeto en nuestro hogar, podemos experimentar una transformación profunda en nuestras vidas y en nuestras relaciones familiares. Las citas bíblicas mencionadas nos guían en este camino, recordándonos el poder de nuestras palabras y la importancia de vivir en la verdad, la honestidad y la confidencialidad.

¡Permítete vivir según estos principios y experimenta la belleza de un hogar libre de chismes, lleno de amor y armonía!

21. CONSTRUYENDO UN HOGAR LIBRE DE ENVIDIA, CALUMNIA, MENTIRA Y CHANTAJE, TRANSFORMANDO LA VIDA A TRAVÉS DE LA SABIDURÍA BÍBLICA

La envidia, la calumnia, la mentira y el chantaje son comportamientos destructivos que pueden causar un gran daño en nuestras vidas y en nuestros hogares. Sin embargo, al dejar atrás estos patrones negativos y abrazar una vida basada en la sabiduría bíblica, podemos experimentar una transformación profunda en nuestra vida familiar. Aquí, presentamos cinco citas bíblicas que nos guían en este camino.

1. «No codiciarás la casa de tu prójimo; no codiciarás la mujer de tu prójimo, ni su siervo, ni su criada, ni su buey, ni su asno, ni cosa alguna de tu prójimo». (Éxodo, 20:17): Esta cita nos recuerda la importancia de evitar la envidia y la codicia. Al aprender a valorar y apreciar lo que tenemos, en lugar de desear lo que otros tienen, cultivamos una actitud de gratitud y contentamiento en nuestro hogar.

2. «El que aborrece las disimulaciones de labios, alcanza el corazón de su prójimo». (Proverbios, 26:24): Esta enseñanza nos insta a ser honestos y evitar la calumnia y la falsedad. Al practicar la sinceridad y la transparencia en nuestras palabras y acciones, construimos relaciones basadas en la confianza y el respeto mutuo.

3. «No dirás falso testimonio contra tu prójimo». (Éxodo, 20:16): Esta cita nos recuerda la importancia de evitar la mentira y la difamación. Al comprometernos a vivir en la verdad y a hablar con integridad, fortalecemos la confianza y la armonía en nuestro hogar.

4. «Antes bien, como está escrito: Cosas que ojo no vio, ni oído oyó, ni han subido en corazón de hombre, son las que Dios ha preparado para los que le aman». (1 Corintios, 2:9): Esta cita nos recuerda que en lugar de envidiar lo que otros tienen, debemos confiar en los planes y las bendiciones que Dios tiene para nosotros. Al cultivar una actitud de confianza y gratitud hacia Dios, encontramos contentamiento en todo momento.

5. «El Señor aborrece el chantaje, pero le agrada el que vive con integridad». (Proverbios, 11:1): Esta cita nos enseña la importancia de evitar el chantaje y vivir con integridad. Al ser personas íntegras y justas en nuestras acciones y decisiones, construimos un hogar basado en la honestidad y el respeto mutuo.

Al dejar atrás la envidia, la calumnia, la mentira y el chantaje, y vivir según los principios de la sabiduría bíblica, transformamos nuestra vida y nuestro hogar en un lugar de amor, paz y armonía. Alentamos la honestidad, la sinceridad y la gratitud, y construimos relaciones sólidas y significativas. Permítete vivir según estas citas bíblicas y experimenta la belleza de un hogar libre de patrones destructivos, donde reina el amor y la paz.

22. TRANSFORMANDO LA VIDA EN UN HOGAR A TRAVÉS DE LA FE DE LA IGLESIA

La fe y la religión juegan un papel fundamental en la vida de muchas personas y en la formación de un hogar sólido y armonioso. Para aquellos que siguen la fe católica, la Iglesia de Cristo es considerada como la única y verdadera. En este contexto, exploremos cómo mantenerse en la Iglesia fundada sobre Pedro puede transformar la vida en un hogar basado en los principios y enseñanzas de esta fe.

La Iglesia católica, a través de sus sacramentos, rituales y enseñanzas, brinda una guía espiritual y moral para los fieles. Al mantenerse en la Iglesia de Cristo, las familias pueden cultivar una vida de oración, adoración y participación en la comunidad católica. Esto puede fortalecer los lazos familiares y promover un sentido de propósito y significado compartido.

La Iglesia católica también proporciona una base sólida de valores morales y éticos basados en la enseñanza de Jesucristo y en la tradición de la Iglesia. A través de la educación religiosa y la catequesis, los miembros de la familia pueden crecer en su comprensión de la fe católica y aplicar estos valores en su vida cotidiana. Esto puede ayudar a nutrir relaciones saludables, fomentar la justicia y la solidaridad, y promover el amor y la compasión hacia los demás.

Además, la Iglesia católica ofrece una comunidad de creyentes con quienes compartir la fe y recibir apoyo espiritual. La participación en la vida parroquial, como asistir a la misa regularmente, participar en grupos de oración y servicio, y recibir los sacramentos, puede fortalecer la vida de fe de la familia y crear lazos fraternos con otros creyentes. Esto puede brindar un sentido de pertenencia y apoyo en momentos de alegría y dificultad.

Si bien mantenerse en la Iglesia católica puede aportar muchos beneficios a la vida familiar, es importante recordar que cada persona y familia tiene su propio camino espiritual. La fe debe ser una elección personal y respetada dentro del hogar.

En conclusión, para aquellos que encuentran su fe y creencia en la Iglesia católica, mantenerse en esta Iglesia puede transformar la vida en un hogar basado en los principios y enseñanzas católicas. La participación en la vida sacramental, la adhesión a los valores morales y éticos, y la participación en la comunidad católica pueden fortalecer las relaciones familiares, fomentar el amor y la compasión, y brindar un sentido de propósito y significado compartido. Sin embargo, es importante recordar que cada persona y familia tiene su propio camino espiritual y debe ser respetado.

23. EL ODIO ES DESTRUCTOR DEL ALMA Y ALEJA DE LA DIVINIDAD

«El odio es un sentimiento poderoso y destructivo que puede tener un impacto profundo en nuestras vidas». En esta reseña, exploraremos cómo el odio puede afectar nuestra mente, dañar nuestro corazón, arrancar el espíritu de nuestra existencia y alejarnos de la conexión con lo divino.

Cuando permitimos que el odio se arraigue en nuestra mente, se convierte en un veneno que corroe nuestros pensamientos y percepciones. Nos consume con negatividad, distorsiona nuestra visión del mundo y nos impide ver las cosas con claridad. El odio nos lleva a alimentar resentimientos, a buscar venganza y a aferrarnos a la amargura, lo que nos aleja de la paz interior y la armonía.

Además de afectar nuestra mente, el odio también tiene un impacto devastador en nuestro corazón. El resentimiento constante y la falta de perdón generan un peso emocional que nos consume gradualmente. El corazón se vuelve endurecido, lleno de dolor y resentimiento, y pierde la capacidad de amar y recibir amor. El odio nos aleja de la empatía y la compasión, dos elementos esenciales para mantener relaciones saludables y significativas.

El odio no solo daña nuestra mente y corazón, sino que también arranca el espíritu de nuestra vida. Nos despoja de la alegría, la esperanza y la vitalidad que nos impulsa a vivir plenamente. El odio nos sumerge en un ciclo interminable de negatividad y nos priva de la oportunidad de experimentar la belleza y la grandeza de la vida. Nos convierte en seres vacíos, desprovistos de propósito y significado.

Además, el odio nos aleja de Dios o de cualquier otra forma de lo divino que uno pueda creer. La presencia del odio en nuestra vida crea una barrera entre nosotros y lo sagrado. Nos separa de la esencia de lo divino, alejándonos de la conexión espiritual y la guía que podría brindarnos consuelo y sabiduría. El odio nos sumerge en la oscuridad y nos impide experimentar la luz y la trascendencia espiritual.

En conclusión, el odio es un enemigo insidioso que destruye nuestra mente, daña nuestro corazón, arranca el espíritu de nuestra vida y nos aleja de la presencia divina. Para encontrar la verdadera paz y plenitud, es crucial liberarnos del odio y cultivar el amor, el perdón y la compasión en nuestro ser. Solo así podremos restaurar nuestra mente, sanar nuestro corazón, renacer espiritualmente y estar más cerca de Dios o de cualquier otra fuerza trascendental en nuestra vida.

24. LA DESTRUCTIVA INFLUENCIA DEL ODIO, UN CAMINO ALEJADO DE LA PAZ INTERIOR Y LA CONEXIÓN ESPIRITUAL

En esta profunda reflexión, exploramos los efectos corrosivos del odio en la mente, el corazón y el espíritu humano, así como su capacidad para alejarnos de la esencia divina que nos conecta con lo trascendental.

El odio, ese sentimiento oscuro y venenoso, tiene el poder de consumir nuestros pensamientos, distorsionar nuestra percepción de la realidad y nublar nuestro juicio. Cuando permitimos que el odio se arraigue en nuestra mente, se convierte en una fuerza destructiva que nos aleja del equilibrio emocional y la paz interior.

La mente, como un jardín fértil, puede cultivar tanto amor como odio, sin embargo, el odio es una semilla que crece rápidamente y, si no se controla, puede dominar todo nuestro ser. Nos consume con pensamientos negativos, resentimientos y deseos de venganza, erosionando nuestra felicidad y la de aquellos que nos rodean.

El corazón, el epicentro de nuestras emociones, también sufre las consecuencias del odio. El resentimiento y la amargura que albergamos en nuestro interior crean barreras emocionales, dificultando nuestras relaciones y provocando un distanciamiento de aquellos que podrían brindarnos amor y apoyo. El odio, lejos de sanar las heridas, las profundiza y perpetúa el ciclo de dolor.

Además, el odio tiene un impacto directo en nuestro espíritu. El odio nos desconecta de nuestra esencia divina y nos aleja de la presencia de Dios o cualquier otra forma de trascendencia en la que creamos. La energía negativa del odio se opone a la armonía espiritual, impidiendo nuestra capacidad de experimentar la paz interior, la compasión y el perdón.

En última instancia, la lucha contra el odio implica un proceso de sanación y transformación personal. Requiere cultivar la empatía, la comprensión y el perdón, tanto hacia los demás como hacia nosotros mismos. Solo al liberarnos del peso del odio podemos encontrar la verdadera paz interior y reconectar con nuestro ser espiritual.

En resumen, «La destructiva influencia del odio» es una reveladora exploración de cómo el odio puede corroer nuestra mente, dañar nuestro corazón y alejarnos de nuestra conexión con lo divino. Nos invita a reflexionar sobre la importancia de cultivar el amor, la compasión y el perdón como antídotos poderosos para superar los estragos del odio y encontrar la verdadera paz interior.

25. EL ALCOHOLISMO AFECTA A NUESTRA SOCIEDAD

El alcoholismo es una enfermedad devastadora que no solo afecta la vida del individuo que lo padece, sino también a su cuerpo y a su familia. A continuación, te proporcionaré una explicación detallada de cómo el alcoholismo puede causar daños físicos y emocionales significativos.

En primer lugar, el consumo crónico y excesivo de alcohol tiene efectos perjudiciales en el cuerpo humano. El alcohol se metaboliza principalmente en el hígado, y un consumo prolongado puede llevar al desarrollo de enfermedades hepáticas como la esteatosis hepática (hígado graso), la hepatitis alcohólica, la cirrosis e incluso el cáncer de hígado. Estas condiciones pueden comprometer seriamente la función hepática y, en casos extremos, llevar a la insuficiencia hepática.

Además, el alcoholismo también puede afectar otros órganos y sistemas del cuerpo. El sistema cardiovascular puede sufrir daños, aumentando el riesgo de hipertensión arterial, enfermedades cardíacas, accidentes cerebrovasculares y arritmias. El sistema digestivo puede experimentar inflamación del páncreas (pancreatitis), gastritis, úlceras y problemas de absorción de nutrientes. El sistema nervioso central también se ve afectado, lo que puede resultar en daño cerebral, neuropatía periférica y trastornos neuropsiquiátricos.

Además de los efectos físicos, el alcoholismo tiene un impacto significativo en las relaciones familiares. El consumo problemático de alcohol puede generar tensiones, conflictos y desconfianza dentro del núcleo familiar. Los miembros de la familia pueden experimentar emociones como la preocupación constante, el miedo, la frustración y la tristeza al presenciar el deterioro físico y emocional del ser querido que sufre de alcoholismo.

A medida que la adicción avanza, el alcoholismo puede llevar a comportamientos destructivos y disfuncionales en el hogar. Las personas afectadas pueden volverse emocionalmente distantes, descuidar sus responsabilidades y compromisos familiares, y priorizar el consumo de alcohol sobre las necesidades de sus seres queridos. Esto puede resultar en una falta de apoyo emocional y económico, así como en la pérdida de la estabilidad familiar.

Los niños que crecen en hogares afectados por el alcoholismo también pueden sufrir consecuencias graves. Pueden experimentar traumas emocionales, vivir en un ambiente inestable y desarrollar problemas de salud física y mental. Además, existe un mayor riesgo de que estos niños desarrollen problemas de adicción en el futuro, ya que pueden aprender patrones de conducta disfuncionales relacionados con el consumo de alcohol.

Es importante destacar que el alcoholismo no solo afecta a la persona que lo padece, sino también a su familia en su conjunto. Sin embargo, es fundamental comprender que el alcoholismo es tratable y que existe ayuda disponible. La intervención temprana, el apoyo emocional, la terapia familiar y los programas de tratamiento especializados pueden ayudar a facilitar la recuperación y fortalecer las relaciones familiares.

En resumen, el alcoholismo no solo causa daños físicos en el cuerpo, como enfermedades hepáticas y cardiovasculares, sino que también afecta profundamente a las relaciones familiares. La adicción al alcohol puede generar conflictos, desconfianza y problemas emocionales dentro del hogar. Sin embargo, con el apoyo adecuado y el tratamiento oportuno, es posible superar el alcoholismo y comenzar el camino hacia la recuperación tanto a nivel individual como familiar.

26. HISTORIA DE PEDRITO

Había una vez, en el pintoresco pueblo de San Fernando, un niño llamado Pedrito. Desde su nacimiento, la vida no le había sido fácil. Criado en un entorno lleno de violencia y abuso, Pedrito experimentó el dolor y el miedo desde muy temprana edad.

Su padre, atrapado en un ciclo destructivo, descargaba su ira y frustración en aquel pequeño e inocente ser. Golpes, insultos y torturas eran el pan de cada día para Pedrito. A medida que crecía, el peso de su pasado parecía aplastarlo, llenándolo de tristeza y desesperanza.

Sin embargo, en lo más profundo de su corazón, Pedrito guardaba una chispa de esperanza. Sabía que merecía una vida mejor y estaba decidido a encontrarla. Aunque no contaba con recursos ni ayuda profesional, su determinación y valentía eran sus mejores aliados.

A medida que pasaban los años, Pedrito encontró refugio en los libros. A través de la lectura, descubrió un mundo lleno de posibilidades y aprendió que el querer es poder. Inspirado por las historias de superación y éxito, decidió que era hora de cambiar su propio destino.

Con una gran dosis de autodisciplina y perseverancia, Pedrito comenzó a transformar su vida. Se propuso aprender todo lo que podía, tanto de habilidades prácticas como de desarrollo personal. Leyó libros de autoayuda, escuchó conferencias motivacionales y buscó formas de sanar las heridas emocionales que lo habían marcado.

Poco a poco, Pedrito comenzó a descubrir su propio potencial. Descubrió que era inteligente, creativo y lleno de talento. Con determinación, comenzó a desarrollar sus habilidades en la escritura, encontrando en las palabras una forma de expresarse y sanar.

A medida que se adentraba en su viaje personal de transformación, Pedrito descubrió la paz y la tranquilidad que tanto anhelaba. Se rodeó de personas positivas y apoyo emocional, encontrando en ellas un refugio seguro. Aprendió a perdonar a su padre, no por ellos, sino por sí mismo, liberándose del dolor y la amargura que lo habían consumido durante tanto tiempo.

Movido por su propia experiencia de superación, Pedrito decidió escribir su historia. Quería compartir su viaje con otros niños que también habían experimentado el sufrimiento y la desesperanza. Quería mostrarles que no estaban solos y que, a pesar de las circunstancias, podían transformar sus vidas.

El libro de Pedrito se convertirá en un éxito inesperado. Miles de niños y adultos encontrarán inspiración y esperanza en sus palabras. Pedrito se convertirá en un ejemplo vivo de que el querer es poder, de que cada uno tiene el poder de cambiar su propia realidad, sin importar las dificultades que haya enfrentado.

Hoy en día, Pedrito continúa su misión de motivar y empoderar a otros. Su deseo es viajar por el país dando conferencias y talleres, compartiendo su historia y alentando a las personas a creer en sí mismas. Su mensaje es claro: «todos tenemos el poder de cambiar nuestras vidas, solo necesitamos creer en nosotros mismos y tomar acción».

La historia de Pedrito es un recordatorio de que, incluso en los momentos más oscuros, siempre hay esperanza. Nos muestra que el querer es poder y que, con dedicación y valentía, podemos transformar nuestro destino. Que su historia sea un faro de luz para todos aquellos que necesiten encontrar la fuerza dentro de sí mismos para cambiar sus vidas.

«Pensamiento: Creer en uno mismo es el primer paso para crear la realidad que deseamos y activar todo nuestro poder interior. Nuestros sueños y metas se vuelven posibles cuando confiamos en nuestras habilidades y nos atrevemos a actuar. Recuerda, eres el autor de tu propia historia y tienes el poder de crear un futuro lleno de éxito y felicidad».

27. CÓMO MANTENERSE ALEJADO DE LAS DROGAS

En este mundo lleno de oportunidades y desafíos, hay una decisión fundamental que puede moldear el rumbo de nuestras vidas: la elección de mantenernos alejados de las drogas. Aunque pueda parecer tentador sucumbir a la presión social o a la curiosidad, quiero recordarles la importancia de tomar un camino diferente, uno que promueva una vida plena y libre de las garras destructivas de las drogas.

Las drogas, sin importar su forma o apariencia, son un camino engañoso que promete un escape fácil de nuestros problemas y preocupaciones. Pero lo que no nos cuentan es el alto precio que pagamos a cambio. Las drogas erosionan gradualmente nuestra salud física y mental, socavan nuestras relaciones y nos alejan de nuestras metas y sueños más preciados.

La juventud es una etapa de descubrimiento, de exploración y de construcción de nuestra identidad. Es un momento en el que estamos forjando nuestras bases, definiendo nuestros valores y estableciendo las bases para nuestro futuro. Las drogas, por su parte, nos privan de la oportunidad de aprovechar al máximo estos años cruciales. Nos roban la claridad mental, la motivación y la energía que necesitamos para crecer y desarrollarnos plenamente.

Mantenernos alejados de las drogas es un acto de amor propio y de cuidado hacia nuestra propia vida y bienestar. Es decirle «no» a las sustancias que nos prometen un escape temporal, pero que nos alejan de nuestra auténtica felicidad y realización personal. Es elegir un camino de autenticidad, de autodisciplina y de resiliencia frente a las adversidades que inevitablemente encontraremos en nuestro camino.

Recuerden que son valiosos, únicos y tienen un potencial ilimitado. Cada uno de ustedes tiene talentos, pasiones y sueños que merecen ser perseguidos con determinación y enfoque. Al mantenernos alejados de las drogas, estamos protegiendo nuestro futuro, honrando nuestros valores y construyendo una base sólida para una vida plena y significativa.

No permitan que las drogas definan quiénes son. Ustedes tienen el poder de tomar decisiones conscientes y responsables. Busquen apoyo en sus seres queridos, en mentores y en comunidades positivas que los inspiren a seguir un camino saludable y constructivo. Nutran su mente, su cuerpo y su espíritu con actividades que les brinden alegría, satisfacción y crecimiento personal.

La juventud es un regalo precioso que no se puede desperdiciar. Aprovechen al máximo esta etapa de sus vidas, creando recuerdos inolvidables, aprendiendo de sus experiencias y construyendo una base sólida para el futuro. Manténganse alejados de las drogas y elijan abrazar una vida llena de posibilidades, éxito y felicidad auténtica.

Recuerden, ustedes son el futuro y tienen el poder de escribir una historia de éxito y realización. Manténganse fuertes, valientes y fieles a ustedes mismos.

28. QUÉ ES EL MIEDO Y CÓMO SUPERARLO

En medio de cualquier adversidad, surge el miedo como un obstáculo imponente y desafiante. Sin embargo, es importante recordar que el miedo es solo una emoción, una respuesta natural ante lo desconocido y lo incierto. Para superar el miedo, debemos abrazar la valentía y la determinación que yacen profundamente dentro de nosotros.

El primer paso para superar el miedo es reconocer su presencia y comprender su origen. Debemos analizar nuestras preocupaciones y preguntarnos: «¿Qué es lo peor que podría suceder?». A menudo, nos damos cuenta de que nuestras preocupaciones son exageradas o poco probables, lo cual nos permite enfrentarlas con una perspectiva más realista.

Además, es esencial cultivar una mentalidad positiva y fortalecer nuestra confianza en nosotros mismos. Recordemos nuestros logros pasados y cómo hemos superado obstáculos anteriores. Esto nos brinda la certeza de que somos capaces de enfrentar cualquier desafío que se presente en nuestra vida.

La información y la preparación también son poderosas herramientas para enfrentar el miedo. Investiguemos y aprendamos sobre aquello que nos causa temor. Cuanto más conocimiento adquiramos, más nos empoderaremos y podremos tomar decisiones informadas.

Asimismo, rodearnos de un sistema de apoyo sólido puede marcar la diferencia. Busquemos el apoyo de familiares, amigos o incluso profesionales que puedan brindarnos orientación y aliento en momentos difíciles. No debemos subestimar el poder de compartir nuestros temores y preocupaciones con otros, ya que juntos somos más fuertes. En un amigo o en un familiar podrías encontrar la fortaleza para enfrentar tus miedos.

En última instancia, para superar el miedo debemos estar dispuestos a dar pasos audaces y tomar acciones. A veces, el miedo nos paraliza y nos impide avanzar, pero solo cuando enfrentamos nuestros miedos de frente y nos movemos hacia adelante, podemos experimentar un crecimiento personal significativo en nuestra vida

Superar el miedo en medio de cualquier adversidad requiere valentía, determinación y una actitud positiva. Reconocer el miedo, comprender su origen, fortalecer nuestra confianza, adquirir conocimiento, buscar apoyo y tomar acciones audaces son elementos clave en nuestro camino hacia la superación personal y el logro de nuestros objetivos más allá de cualquier adversidad.

La autoestima también es un aspecto fundamental de nuestro bienestar emocional y mental. Construir una autoestima sólida requiere tiempo, esfuerzo y autoreflexión. Afortunadamente, existen diversas herramientas y prácticas que pueden ayudarnos a fortalecer nuestra autoestima y cultivar una imagen positiva de nosotros mismos.

En primer lugar, es esencial practicar la autocompasión. Debemos aprender a tratarnos con amabilidad y comprensión, tal como lo haríamos con un ser querido. Reconozcamos nuestras fortalezas y logros, incluso los más pequeños, y evitemos ser demasiado duros con nosotros mismos cuando cometemos errores o enfrentamos desafíos.

La práctica de la gratitud también puede ser una herramienta poderosa para elevar nuestra autoestima. A diario, tomemos el tiempo para reflexionar sobre las cosas positivas en nuestras vidas y expresar gratitud por ellas. Esto nos ayuda a enfocarnos en lo bueno y a apreciar nuestro propio valor.

La comunicación asertiva es otra habilidad valiosa para fortalecer la autoestima. Aprendamos a expresar nuestras necesidades, opiniones y límites de manera clara y respetuosa. Al comunicarnos de manera asertiva, nos afirmamos a nosotros mismos y nos damos permiso para ser escuchados y respetados.

La autorreflexión y el autoconocimiento son fundamentales para fortalecer nuestra autoestima. Dediquemos tiempo a explorar nuestros valores, metas y pasiones. Conectémonos con nuestras fortalezas y talentos únicos, y aprendamos a apreciar lo que nos hace especiales. Esto nos ayuda a construir una base sólida de confianza en nosotros mismos.

El cuidado personal también juega un papel crucial en la construcción de la autoestima. Asegurémonos de cuidar nuestra salud física, emocional y mental. Esto implica hacer ejercicio regularmente, dormir lo suficiente, comer alimentos nutritivos y buscar actividades que nos brinden alegría y bienestar. Cuanto más nos cuidemos a nosotros mismos, más valor y respeto tendremos hacia nuestra propia persona.

Además, rodearnos de personas positivas y de apoyo puede tener un impacto significativo en nuestra autoestima. Busquemos relaciones saludables y constructivas, donde se nos valore y se nos anime a crecer. Evitemos a las personas tóxicas o negativas que socavan nuestra autoestima y nos hacen dudar de nuestro propio valor haciéndonos sentir diminutos.

Por último, es importante recordar que la autoestima no se construye de la noche a la mañana; requiere paciencia y perseverancia. Aceptemos que habrá altibajos en el camino y que los errores son oportunidades de aprendizaje. A medida que nos esforcemos por construir una autoestima sólida, recordemos que merecemos amor, respeto y felicidad, y que somos capaces de lograrlo.

Construir una autoestima saludable implica practicar la autocompasión, cultivar la gratitud, comunicarnos asertivamente, reflexionar sobre nosotros mismos, cuidar nuestro bienestar y rodearnos de personas positivas. Al utilizar estas herramientas y prácticas, podemos fortalecer nuestra autoestima y desarrollar una imagen positiva y valiosa de nosotros mismos.

Desarrollar nuestro potencial pleno requiere valentía y determinación para enfrentar los miedos que inevitablemente surgen en el camino. El miedo, aunque natural, puede convertirse en un obstáculo paralizante si permitimos que nos controle. Sin embargo, existen estrategias efectivas para liberarnos de sus ataduras y desarrollar nuestro máximo potencial sin miedo.

En primer lugar, es esencial cambiar nuestra perspectiva sobre el miedo. En lugar de verlo como un enemigo a evitar, debemos reconocerlo como una señal de que estamos saliendo de nuestra zona de confort y creciendo. El miedo puede ser un indicador de que estamos en el camino correcto, desafiándonos a nosotros mismos y preparándonos para alcanzar nuevos niveles de excelencia.

Para desarrollar nuestro potencial sin miedo es fundamental cultivar una mentalidad de crecimiento. Reconozcamos que el aprendizaje y el crecimiento personal implican cometer errores y enfrentar desafíos. Aceptemos que el fracaso es una parte natural del proceso y aprovechemos cada experiencia como una oportunidad para aprender, crecer y mejorar.

La confianza en uno mismo desempeña un papel crucial en el desarrollo del potencial sin miedo. Cultivemos la confianza en nuestras habilidades y fortalezas, y recordemos nuestros logros pasados. A medida que nos enfrentamos a nuevos desafíos, recordemos que hemos superado obstáculos en el pasado y que somos capaces de hacerlo nuevamente. La confianza en uno mismo es un motor poderoso que impulsa el desarrollo del potencial sin miedo.

La planificación y la preparación también son herramientas esenciales para superar el miedo y desarrollar nuestro potencial. Cuanto más nos preparemos y estemos informados sobre nuestros objetivos y las acciones necesarias para alcanzarlos, más seguros nos sentiremos al enfrentar lo desconocido. La planificación nos brinda una estructura y nos permite tomar medidas proactivas, lo que a su vez disminuye la incertidumbre y el miedo.

Además, rodearnos de un sistema de apoyo sólido puede marcar una gran diferencia en nuestro viaje hacia el desarrollo del potencial sin miedo. Busquemos mentores, amigos y familiares que nos inspiren y nos brinden apoyo emocional. Compartir nuestras metas y miedos con personas de confianza puede brindarnos la motivación y el aliento necesarios para superar los obstáculos que se nos presenten.

Por último, pero no menos importante, recordemos el poder de la acción. El desarrollo del potencial sin miedo requiere dar pasos audaces y tomar medidas concretas hacia nuestros objetivos. A menudo, el miedo se desvanece una vez que comenzamos a actuar. Rompamos el ciclo de la inacción y enfrentémonos a nuestros miedos con determinación y coraje. No permitamos que el miedo nos detenga, y en su lugar, usemos la energía del miedo como combustible para impulsarnos hacia adelante.

Porque desarrollar nuestro potencial pleno sin miedo implica cambiar nuestra perspectiva sobre el miedo, cultivar una mentalidad de crecimiento, fortalecer nuestra confianza en uno mismo, planificar y prepararnos adecuadamente, rodearnos de un sistema de apoyo y tomar medidas audaces. Al abrazar estos enfoques, podemos liberarnos de las cadenas del miedo y desplegar todo nuestro potencial, permitiéndonos crecer, alcanzar nuestras metas y vivir una vida significativa y satisfactoria.

Con la construcción de una vida exitosa es un proceso personal y único que requiere dedicación, perseverancia y un enfoque intencional. No existe una fórmula única para alcanzar el éxito, ya que cada individuo tiene sus propias metas, valores y definiciones de éxito. Sin embargo, hay algunos principios universales que pueden ayudarnos a construir una vida exitosa y satisfactoria.

En primer lugar, es fundamental tener claridad sobre lo que realmente queremos en la vida. Definir nuestras metas y objetivos nos proporciona una brújula que nos guiará en nuestro camino hacia el éxito. Tomémonos el tiempo para reflexionar sobre nuestras pasiones, valores y propósito en la vida. ¿Qué es lo que realmente nos apasiona? ¿Qué tipo de impacto queremos tener en el mundo? Estas preguntas nos ayudarán a establecer metas que estén alineadas con nuestros valores más profundos.

Una vez que tengamos claridad sobre nuestras metas, es importante trazar un plan de acción. El éxito no suele llegar de la noche a la mañana, requiere un esfuerzo constante y disciplina. Desarrollemos un plan paso a paso que nos ayude a alcanzar nuestras metas a largo plazo. Dividir nuestras metas en objetivos más pequeños y alcanzables nos permitirá mantenernos motivados y enfocados en el camino hacia el éxito.

La persistencia y la determinación son características clave para construir una vida exitosa. Inevitablemente, enfrentaremos obstáculos y fracasos en el camino. Sin embargo, es importante recordar que el fracaso no es el fin, sino una oportunidad de aprendizaje y crecimiento. Mantengamos una mentalidad de resiliencia y aprendamos de nuestros errores. La perseverancia nos permitirá superar los desafíos y seguir adelante, incluso cuando las cosas se pongan difíciles.

El crecimiento personal también juega un papel fundamental en la construcción de una vida exitosa. Dediquemos tiempo a desarrollar nuestras habilidades, conocimientos y capacidades. Busquemos oportunidades de aprendizaje y crecimiento en todas las áreas de nuestra vida. Desde el desarrollo profesional hasta el crecimiento emocional y espiritual, el crecimiento personal nos ayuda a expandir nuestros límites y nos brinda las herramientas necesarias para enfrentar los desafíos que surjan en nuestro camino.

Además, rodearnos de personas positivas y de apoyo puede marcar una gran diferencia en nuestra búsqueda del éxito. Busquemos relaciones saludables y constructivas que nos inspiren y nos motiven a alcanzar nuestras metas. El apoyo y los consejos de personas que han tenido éxito en áreas similares pueden ser invaluables. Creemos una red de apoyo que nos anime, nos desafíe y nos ayude a alcanzar nuestro máximo potencial.

Por último, pero no menos importante, es esencial recordar que el éxito no se trata solo de logros externos, sino también de nuestra felicidad y bienestar interno. Construir una vida exitosa implica encontrar un equilibrio saludable entre nuestra vida personal y profesional, cuidar de nuestra salud física y mental, y cultivar relaciones significativas. No sacrifiquemos nuestra felicidad y bienestar en la búsqueda del éxito externo.

Porque construir una vida exitosa implica tener claridad sobre nuestras metas, trazar un plan de acción, ser persistentes y determinados, buscar el crecimiento personal, rodearnos de personas positivas y de apoyo, y priorizar nuestra felicidad y bienestar. A medida que nos embarquemos en este viaje, recordemos que el éxito es un viaje continuo y personal, y que la verdadera medida del éxito radica en nuestra capacidad de vivir una vida auténtica y significativa que esté alineada con nuestros valores y propósito.

Construir una vida exitosa es un objetivo que muchos anhelamos. Sin embargo, el concepto de éxito puede variar de persona a persona, ya que cada uno tiene sus propias metas, valores y definiciones de lo que significa tener éxito en la vida. A pesar de las diferencias individuales, existen algunas pautas generales que pueden ayudarnos a construir una vida exitosa y satisfactoria.

En primer lugar, es esencial tener claridad sobre lo que realmente queremos en la vida. Esto implica reflexionar sobre nuestras pasiones, valores y propósito. Preguntémonos qué es lo que realmente nos apasiona y qué tipo de vida queremos vivir. Definir nuestras metas y objetivos nos permite establecer una dirección clara y nos motiva a tomar acciones concretas hacia ellas.

Una vez que tengamos claridad sobre nuestras metas, es importante trazar un plan de acción. El éxito no se logra de la noche a la mañana, requiere esfuerzo, dedicación y perseverancia. Desglosemos nuestras metas en objetivos más pequeños y alcanzables. Establezcamos plazos realistas y desarrollaremos un plan paso a paso para alcanzar nuestras metas a largo plazo. Mantengamos la disciplina y la consistencia en la ejecución de nuestro plan, ya que esto nos ayudará a avanzar hacia el éxito.

La mentalidad y actitud adecuada también son fundamentales en la construcción de una vida exitosa. Cultivemos una mentalidad de crecimiento, en la cual veamos los desafíos como oportunidades de aprendizaje y crecimiento. Aprendamos de nuestros errores y fracasos, y usemos esas experiencias para mejorar y crecer. Además, mantengamos una actitud positiva y optimista, ya que esto nos permitirá superar los obstáculos con más facilidad y nos ayudará a mantenernos enfocados en nuestros objetivos.

La resiliencia es otra cualidad importante para construir una vida exitosa. Inevitablemente, enfrentaremos desafíos y momentos difíciles en el camino. La resiliencia nos permite recuperarnos de las adversidades y seguir adelante. Aprendamos a adaptarnos y ajustarnos a las circunstancias cambiantes. Recordemos que los fracasos no definen nuestro éxito, sino nuestra capacidad para levantarnos y seguir luchando.

Además, rodearnos de personas positivas y de apoyo puede marcar una gran diferencia en nuestra búsqueda del éxito. Busquemos relaciones saludables y constructivas que nos inspiren y nos apoyen en nuestros esfuerzos. Las personas con las que nos rodeemos pueden influir en nuestras creencias, actitudes y comportamientos, así que asegurémonos de tener un círculo social que nos motive y nos impulse hacia adelante, enfrentando cualquier obstáculo.

Es importante recordar que el éxito no se trata solo de logros externos, sino también de nuestra felicidad y bienestar interno. Construir una vida exitosa implica encontrar un equilibrio saludable entre nuestra vida personal y profesional, cuidar de nuestra salud física y mental, y cultivar relaciones significativas. No sacrifiquemos nuestra felicidad y bienestar en la búsqueda del éxito, ya que el éxito verdadero implica una vida plena y equilibrada en todas las áreas.

Porque construir una vida exitosa requiere claridad sobre nuestras metas, trazar un plan de acción, mantener una mentalidad y actitud adecuadas, desarrollar resiliencia, rodearnos de personas positivas y de apoyo, y priorizar nuestra felicidad y bienestar. Cada uno de nosotros tiene el poder de construir una vida exitosa a nuestra manera.

Sigamos persiguiendo nuestros sueños, aprendiendo de nuestras experiencias y creciendo en el camino hacia el éxito.

Porque encontrar el propósito en la vida es una búsqueda profunda y significativa que nos lleva a descubrir nuestro sentido de existencia y la contribución única que podemos hacer al mundo. Es un viaje personal y transformador que requiere autoexploración, reflexión y valentía para enfrentar las preguntas más importantes de nuestra existencia.

Para comenzar a encontrar nuestro propósito es fundamental dedicar tiempo a conocernos a nosotros mismos. Esto implica reflexionar sobre nuestras pasiones, intereses y valores más profundos. Preguntémonos qué nos apasiona, qué actividades nos hacen sentir vivos y qué nos motiva a levantarnos cada día. Escuchar nuestra voz interior y confiar en nuestra intuición es clave en este proceso de descubrimiento.

Además, es importante estar dispuestos a explorar y probar nuevas experiencias. A veces, nuestro propósito puede estar oculto detrás de actividades o áreas de interés que aún no hemos descubierto. No tengamos miedo de salir de nuestra zona de confort y adentrarnos en terrenos desconocidos. La exploración nos permite descubrir nuevas pasiones y talentos que pueden ser parte clave de nuestro propósito.

Otro aspecto que considerar es cómo podemos utilizar nuestros dones y habilidades para hacer una diferencia en el mundo. Reflexionemos sobre nuestras fortalezas y talentos naturales. ¿En qué somos buenos? ¿Cómo podemos utilizar esas habilidades para impactar positivamente a los demás? Encontrar nuestro propósito a menudo implica utilizar nuestros talentos de una manera que sea significativa y relevante para los demás.

La conexión con los demás también es fundamental en la búsqueda del propósito. Observemos cómo nuestras acciones y contribuciones pueden beneficiar a los demás y al mundo en general. Preguntémonos cómo podemos marcar una diferencia en la vida de las personas y en las comunidades en las que vivimos. Encontrar nuestro propósito a menudo implica encontrar una forma de servicio hacia los demás, ya sea a través de nuestro trabajo, nuestras relaciones o nuestras actividades voluntarias.

Es importante recordar que encontrar nuestro propósito no es un destino final, sino un proceso continuo. A medida que evolucionamos como personas, nuestro propósito también puede evolucionar. Estemos abiertos a la posibilidad de que nuestros intereses y prioridades cambien con el tiempo. A medida que crecemos y adquirimos nuevas experiencias, podemos descubrir aspectos más profundos de nuestro propósito que antes no éramos conscientes.

Encontrar nuestro propósito en la vida también implica escuchar y confiar en nuestra intuición. A veces, nuestra intuición nos guía hacia el camino correcto, incluso cuando no parece lógico o racional. Aprendamos a sintonizar con nuestra intuición y a confiar en nuestra sabiduría interna. A veces, las respuestas que buscamos están dentro de nosotros, esperando ser descubiertas.

Porque encontrar nuestro propósito en la vida es una búsqueda personal y transformadora que requiere autoexploración, reflexión y valentía para enfrentar las preguntas más importantes de nuestra existencia. Nos lleva a descubrir nuestras pasiones, intereses y valores más profundos, y a utilizar nuestros dones y habilidades para hacer una diferencia en el mundo. A medida que nos embarquemos en este viaje, recordemos que nuestro propósito puede evolucionar con el tiempo y que nuestra intuición puede ser un guía confiable en el camino. Sigamos explorando, creciendo y contribuyendo de manera significativa a medida que nos acercamos a nuestro propósito en la vida.

Los obstáculos de la vida son inevitables, pero con un propósito puede resultar más fácil enfrentarlos porque forman parte de nuestro viaje y nos desafían a crecer y superarnos. A menudo, nos encontramos con situaciones difíciles, problemas inesperados o dificultades que pueden hacernos sentir desalentados y frustrados. Sin embargo, es importante recordar que somos capaces de superar cualquier obstáculo que se presente en nuestro camino.

El primer paso para superar los obstáculos de la vida es cambiar nuestra actitud mental. Aceptemos que los desafíos son parte natural de la vida y que no podemos evitarlos por completo. En lugar de resistirnos o lamentarnos, adoptemos una mentalidad de resiliencia y determinación. Veamos los obstáculos como oportunidades de aprendizaje y crecimiento, y recordemos que cada desafío superado nos hace más fuertes y nos acerca más a nuestros objetivos.

Enfrentemos los obstáculos con valentía y determinación. En lugar de evadirlos o ignorarlos, enfrentémoslos de frente. Analicemos la situación con claridad y objetividad, identifiquemos las posibles soluciones y tomemos medidas concretas para superar el obstáculo. A veces, esto implica salir de nuestra zona de confort y tomar decisiones difíciles, pero recordemos que la transformación y el crecimiento ocurren fuera de nuestra zona de confort.

Es importante recordar que no estamos solos en nuestra lucha contra los obstáculos. Busquemos apoyo en aquellos que nos rodean, ya sea amigos, familiares o mentores. Compartir nuestras dificultades con otros puede brindarnos una perspectiva fresca, consejos útiles y el apoyo emocional necesario para seguir adelante. Además, recordemos que cada persona ha enfrentado obstáculos en su vida y ha encontrado formas de superarlos. Aprendamos de las experiencias de los demás y utilicemos sus consejos y enseñanzas para enfrentar nuestros propios desafíos.

El autocuidado también juega un papel fundamental en la superación de los obstáculos. Asegurémonos de cuidar nuestra salud física, mental y emocional. Dedicar tiempo para el descanso, la relajación y la práctica de actividades que nos traen alegría y bienestar nos permite recargarnos y tener la energía necesaria para enfrentar los desafíos. Además, cultivemos una mentalidad positiva y practiquemos la gratitud, ya que esto nos ayuda a mantenernos centrados en las soluciones y en las posibilidades en lugar de enfocarnos en los problemas.

Por último, pero no menos importante, recordemos que los obstáculos no definen nuestro destino. A pesar de los desafíos que enfrentamos, tenemos el poder de elegir cómo responder y cómo seguir adelante. No permitamos que los obstáculos nos detengan o nos desanimen. Mantengamos nuestros objetivos y sueños en mente, y sigamos adelante con determinación y perseverancia. Incluso en los momentos más difíciles, recordemos que somos más fuertes de lo que creemos y que tenemos la capacidad de superar cualquier obstáculo que se presente en nuestro camino.

En resumen, superar los obstáculos de la vida requiere un cambio de actitud, valentía, determinación, apoyo de los demás, autocuidado y perseverancia. A medida que enfrentamos los desafíos, recordemos que cada obstáculo es una oportunidad para crecer y aprender. No permitamos que los obstáculos nos definan, sino que utilicemos nuestra resiliencia y fortaleza interior para superarlos y seguir adelante en nuestro camino hacia una vida plena y significativa.

El miedo al fracaso es una emoción común y comprensible que todos experimentamos en algún momento de nuestras vidas. Es una sensación paralizante que nos impide tomar riesgos y nos mantiene atrapados en nuestra zona de confort. Sin embargo, es importante recordar que el fracaso es parte inevitable del camino hacia el éxito y que podemos superar este miedo para alcanzar nuestras metas y sueños.

Para superar el miedo al fracaso, primero debemos cambiar nuestra percepción del fracaso. En lugar de verlo como algo negativo y vergonzoso, veámoslo como una oportunidad de aprendizaje y crecimiento. Cada fracaso nos brinda lecciones valiosas y nos acerca más a nuestros objetivos si lo utilizamos como una experiencia de aprendizaje y no permitimos que nos derrote. Aprendamos a aceptar que el fracaso no define nuestra valía como personas, sino que es simplemente un paso en el camino hacia el éxito.

Además, es importante enfrentar nuestros miedos y salir de nuestra zona de confort. Reconozcamos que el miedo al fracaso es natural, pero no permitamos que nos controle. Tomemos pequeños pasos hacia nuestros objetivos, incluso si nos sentimos incómodos o inseguros. A medida que enfrentamos nuestros miedos y tomamos acción, nos damos cuenta de que el fracaso no es tan terrible como lo imaginábamos y que tenemos la capacidad de superarlo.

Es fundamental también cambiar nuestra mentalidad y enfocarnos en el proceso en lugar del resultado. En lugar de obsesionarnos con el resultado final y el miedo a fracasar, centremos nuestra atención en el esfuerzo, la dedicación y el crecimiento personal que obtenemos en el camino. Apreciemos cada paso que damos hacia nuestros objetivos y celebremos nuestros logros, sin importar cuán pequeños sean. Al enfocarnos en el proceso, el miedo al fracaso se vuelve menos abrumador y podemos disfrutar más del viaje.

El apoyo de los demás también es esencial para superar el miedo al fracaso. Busquemos personas en nuestras vidas que nos inspiren, nos motiven y nos apoyen en nuestros esfuerzos. Compartamos nuestras metas y sueños con ellos, y permitamos que nos brinden aliento y consejos constructivos. Además, recordemos que incluso las personas exitosas han enfrentado fracasos en su camino hacia el éxito. Aprendamos de sus historias y utilicemos sus experiencias como inspiración para seguir adelante.

Por último, pero no menos importante, es importante recordar que el fracaso no es el fin del camino, sino una oportunidad para crecer y mejorar. No permitamos que un fracaso nos detenga o nos desanime. Analicemos nuestras experiencias, identifiquemos las lecciones aprendidas y ajustemos nuestra estrategia si es necesario. Aprendamos a levantarnos después de cada caída y a seguir adelante con determinación y perseverancia.

En resumen, superar el miedo al fracaso requiere cambiar nuestra percepción del fracaso, enfrentar nuestros miedos, enfocarnos en el proceso, buscar el apoyo de los demás y recordar que el fracaso es una oportunidad de aprendizaje y crecimiento. No permitamos que el miedo al fracaso nos impida perseguir nuestros sueños y metas. Enfrentemos nuestros miedos con valentía y sigamos adelante, sabiendo que cada fracaso nos acerca más al éxito y nos hace más fuertes y resilientes.

Ser feliz a pesar de las circunstancias puede parecer un desafío difícil de alcanzar, especialmente cuando nos encontramos en situaciones difíciles o adversas. Sin embargo, es importante recordar que la felicidad no depende únicamente de nuestras circunstancias externas, sino de nuestra actitud y perspectiva interna.

En primer lugar, es fundamental practicar la gratitud y enfocarnos en lo positivo de nuestras vidas. Aunque las circunstancias puedan ser difíciles, siempre hay algo por lo cual estar agradecidos. Tomemos un momento cada día para reflexionar sobre las cosas buenas que nos rodean, ya sea la salud, las relaciones, la naturaleza o incluso las pequeñas alegrías cotidianas. Al cultivar la gratitud, estamos entrenando nuestra mente para enfocarse en lo positivo y esto nos ayuda a encontrar la felicidad incluso en las circunstancias más desafiantes.

Además, es importante cultivar una mentalidad de aceptación y adaptación. Aceptemos que hay cosas en nuestras vidas que están fuera de nuestro control y enfoquémonos en lo que sí podemos controlar: nuestra actitud y nuestras acciones. Aprendamos a adaptarnos a las circunstancias y buscar soluciones creativas en lugar de enfocarnos en lo negativo. Al hacerlo, nos empoderamos y creamos un sentido de control sobre nuestra propia felicidad.

Asimismo, es fundamental cuidar de nuestro bienestar emocional y físico. Dediquemos tiempo a nosotros mismos y a nuestras necesidades. Hacer ejercicio regularmente, tener momentos de relajación y descanso, alimentarnos de manera saludable y rodearnos de personas positivas y de apoyo son aspectos clave para mantener nuestra felicidad a pesar de las circunstancias. Cuidar de nosotros mismos nos permite tener una base sólida desde la cual enfrentar las dificultades y encontrar la felicidad en medio de ellas.

La conexión con los demás también juega un papel importante en nuestra felicidad. Cultivemos relaciones significativas y genuinas con aquellos que nos rodean. Compartir momentos de alegría, apoyarnos mutuamente en tiempos difíciles y crear una red de apoyo emocional nos proporciona una sensación de pertenencia y nos ayuda a encontrar la felicidad incluso en los momentos más difíciles. No subestimemos el poder de una sonrisa, una palabra amable o un abrazo en la construcción de la felicidad compartida.

Por último, es importante recordar que la felicidad es un viaje y no un destino final. No esperemos a que las circunstancias sean perfectas para ser felices, ya que eso puede ser una búsqueda interminable. En lugar de ello, encontremos la felicidad en los momentos presentes y en las pequeñas cosas de la vida. Celebremos los logros, por pequeños que sean, y encontremos alegría en las experiencias cotidianas. La felicidad no es un estado constante, sino una elección diaria.

En resumen, hacer feliz a pesar de las circunstancias implica cultivar la gratitud, aceptar y adaptarse a las situaciones, cuidar de nuestro bienestar emocional y físico, conectarnos con los demás y recordar que la felicidad es un viaje constante. No permitamos que las circunstancias externas dicten nuestra felicidad. En cambio, asumamos el control de nuestra propia felicidad y encontremos la alegría en cada día, incluso en medio de las dificultades.

La motivación personal es un factor clave para alcanzar el éxito en cualquier aspecto de la vida. Sin embargo, a veces puede resultar difícil mantenernos motivados y enfocados en nuestros objetivos a largo plazo. Es crucial aprender a motivarnos a nosotros mismos de manera constante y efectiva para lograr el éxito que deseamos.

En primer lugar, es importante tener claridad sobre nuestros objetivos y visualizar el éxito que queremos alcanzar. Definamos nuestros sueños y metas de manera específica y realista. Al tener una visión clara de lo que queremos lograr, podemos cultivar una motivación interna más fuerte y duradera. Utilicemos la visualización creativa para imaginar cómo será nuestra vida una vez que hayamos alcanzado el éxito. Esto nos ayudará a mantenernos motivados y enfocados en nuestro camino.

Además, es fundamental establecer un plan de acción con metas a corto plazo. Dividamos nuestros objetivos principales en pasos más pequeños y alcanzables. A medida que logramos cada paso, celebramos nuestros logros y utilizamos ese impulso para seguir adelante. Esto nos permite mantenernos motivados y sentirnos satisfechos con nuestro progreso, lo que a su vez nos impulsa a seguir avanzando hacia el éxito.

La automotivación también implica cultivar una mentalidad positiva y optimista. Reconozcamos que habrá momentos de dificultad y desafío en nuestro camino hacia el éxito, pero mantengamos una actitud positiva y veamos los obstáculos como oportunidades de crecimiento. Cultivemos la resiliencia y la confianza en nosotros mismos para superar los contratiempos y aprender de ellos. Al abordar los desafíos con una mentalidad positiva, nos motivamos a nosotros mismos para seguir adelante y encontrar soluciones creativas.

Asimismo, es fundamental rodearnos de personas que nos inspiren y nos apoyen en nuestro camino hacia el éxito. Busquemos mentores, amigos o grupos de apoyo que compartan nuestros valores y objetivos. Estas personas pueden brindarnos aliento, consejos y perspectivas valiosas que nos ayudarán a mantenernos motivados y enfocados. Además, evitemos la comparación con los demás, ya que esto puede minar nuestra motivación y autoestima. En su lugar, celebremos nuestro propio progreso y éxito, reconociendo que cada uno tiene su propio camino hacia el éxito.

La automotivación también se nutre de la disciplina y el compromiso personal. Establezcamos hábitos y rutinas que nos ayuden a mantenernos enfocados en nuestros objetivos. Fijemos horarios y metas diarias que nos impulsen a tomar acción hacia el éxito. A pesar de los contratiempos y las distracciones, recordemos la importancia de mantenernos firmes en nuestro compromiso y perseverar en nuestro camino hacia el éxito.

Por último, es importante recordar que la automotivación es un proceso continuo. Habrá días en los que nos sintamos desmotivados o cansados, y está bien permitirnos descansar y recargar energías. Pero también recordemos que la automotivación es una elección diaria. Enfrentemos cada día con determinación y recordemos por qué iniciamos este camino hacia el éxito. Al hacerlo, nos motivamos a nosotros mismos para seguir adelante y alcanzar nuestras metas.

En resumen, la automotivación es esencial para alcanzar el éxito. Para motivarnos a nosotros mismos, es importante tener claridad sobre nuestros objetivos, establecer un plan de acción, cultivar una mentalidad positiva, rodearnos de personas inspiradoras, ser disciplinados y comprometidos, y recordar que la automotivación es una elección diaria. Al aprender a motivarnos a nosotros mismos de manera constante y efectiva, nos acercamos cada vez más a alcanzar el éxito que deseamos en nuestras vidas.

Desarrollar habilidades como la creatividad, la concentración y la disciplina es fundamental para alcanzar el éxito en cualquier aspecto de la vida. Estas habilidades nos permiten enfrentar desafíos, superar obstáculos y aprovechar oportunidades de manera efectiva. A continuación, exploraremos cómo podemos cultivar y fortalecer estas habilidades para alcanzar el éxito que deseamos.

Comencemos con la creatividad. Ser creativo implica pensar de manera innovadora, encontrar soluciones originales y generar nuevas ideas. Para desarrollar esta habilidad, es importante abrir nuestra mente a nuevas perspectivas y experiencias. Busquemos actividades que estimulen nuestra imaginación y creatividad, como la lectura, el arte, la música o la escritura. Permitámonos explorar nuevas áreas y enfoques, desafiando nuestras propias ideas preconcebidas. Además, rodeémonos de personas creativas y compartamos ideas con ellos, ya que esto puede inspirarnos y estimular nuestra propia creatividad. La práctica regular de la creatividad nos ayuda a desarrollar nuestra capacidad de pensar fuera de lo convencional y a encontrar soluciones innovadoras que nos acerquen al éxito.

La concentración es otra habilidad crucial para el éxito. Nos permite enfocarnos en una tarea específica, evitando distracciones y maximizando nuestra productividad. Para desarrollar esta habilidad, es importante crear un entorno propicio para la concentración. Identifiquemos los factores que nos distraen, como el ruido o las redes sociales, y busquemos formas de minimizar su impacto. Establezcamos metas claras y realistas para nuestras tareas, dividiéndolas en partes más pequeñas y manejables. Esto nos ayuda a mantenernos enfocados y a evitar sentirnos abrumados. Además, practiquemos técnicas de concentración, como la meditación o la respiración consciente, que nos ayuden a entrenar nuestra mente para mantener la atención en el presente. La concentración, al igual que cualquier habilidad, se fortalece con la práctica constante y la dedicación.

La disciplina es la habilidad que nos permite mantenernos enfocados en nuestros objetivos a largo plazo, superando la procrastinación y manteniendo una rutina constante de trabajo. Para desarrollar esta habilidad, es importante establecer hábitos diarios y metas alcanzables. Creemos un plan de acción con pasos claros que nos acerquen gradualmente a nuestros objetivos. Mantengamos la consistencia en nuestra rutina, incluso cuando no nos sintamos motivados. La disciplina implica trabajar incluso cuando no tenemos ganas, manteniendo nuestro compromiso con el éxito que deseamos alcanzar. Además, es importante reconocer y celebrar nuestros logros a lo largo del camino. La disciplina no se trata solo de trabajar duro, sino también de encontrar un equilibrio entre el esfuerzo y el descanso, cuidando de nuestra salud mental y emocional.

El desarrollar habilidades como la creatividad, la concentración y la disciplina es esencial para alcanzar el éxito. Para cultivar estas habilidades, es importante abrir nuestra mente a nuevas experiencias y perspectivas, rodearnos de personas inspiradoras, practicar actividades creativas y desafiar nuestras propias ideas preconcebidas. Además, debemos crear un entorno propicio para la concentración, establecer metas claras, practicar técnicas de concentración y evitar las distracciones. Desarrollar la disciplina implica establecer hábitos diarios, mantener la consistencia en nuestra rutina y reconocer nuestros logros a lo largo del camino. Al fortalecer estas habilidades, nos acercamos cada vez más a alcanzar el éxito que deseamos en nuestras vidas.

Es por eso que tenemos que aprovechar al máximo nuestro tiempo libre, es fundamental para tener una vida equilibrada y satisfactoria. A menudo, nos encontramos con momentos de ocio que podríamos utilizar de manera más productiva y significativa. A continuación, exploraremos cómo podemos sacar el máximo provecho de nuestro tiempo libre y disfrutar al mismo tiempo de actividades que nos enriquezcan y nos hagan sentir realizados.

Es importante identificar nuestras pasiones e intereses. ¿Qué actividades nos hacen sentir más vivos y nos llenan de energía? Dediquemos tiempo a reflexionar sobre esto y hagamos una lista de actividades que nos gustaría explorar o retomar. Ya sea leer, hacer ejercicio, aprender algo nuevo o simplemente disfrutar de un momento de tranquilidad, es crucial encontrar actividades que nos apasionen y nos permitan recargar nuestras energías.

Una vez identificadas nuestras pasiones, es importante planificar nuestro tiempo libre. Si bien es cierto que el tiempo libre puede ser un momento para relajarnos y desconectar, también puede ser una oportunidad para cultivar nuestras habilidades y crecer como personas. Establezcamos metas y objetivos para nuestro tiempo libre, definiendo qué actividades queremos realizar y cuánto tiempo dedicarles. Esto nos ayudará a mantenernos enfocados y a aprovechar al máximo cada momento.

Además, es importante recordar que el tiempo libre no se trata solo de actividades individuales, sino también de conectar con los demás. Dediquemos tiempo a nuestras relaciones, ya sea con amigos, familiares o seres queridos. Planifiquemos actividades conjuntas que nos permitan disfrutar y fortalecer nuestros vínculos. El tiempo libre es una oportunidad para crear recuerdos y compartir momentos especiales con aquellos que amamos.

Por otro lado, no olvidemos que el tiempo libre también es un momento para cuidar de nosotros mismos. Prioricemos nuestra salud y bienestar, tanto física como mental. Dediquemos tiempo a actividades de autocuidado, como hacer ejercicio, meditar, practicar yoga o simplemente descansar. El equilibrio entre el cuidado personal y las actividades productivas es fundamental para nuestra salud y felicidad.

Asimismo, el tiempo libre puede ser una oportunidad para aprender algo nuevo. Dediquemos tiempo a la educación continua, ya sea a través de la lectura, la toma de cursos en línea o la adquisición de nuevas habilidades. El aprendizaje constante nos ayuda a crecer y a mantenernos actualizados en un mundo en constante cambio.

Por último, es importante recordar que aprovechar al máximo nuestro tiempo libre no significa llenarlo con actividades constantes. También debemos permitirnos momentos de descanso y relajación. Escuchemos a nuestro cuerpo y a nuestra mente, y respondamos a sus necesidades. Si en algún momento sentimos la necesidad de desconectar y simplemente descansar, hagámoslo sin sentirnos culpables. El equilibrio entre el esfuerzo y el descanso es esencial para nuestro bienestar.

El aprovechar al máximo nuestro tiempo libre implica identificar nuestras pasiones, planificar nuestras actividades, conectarnos con los demás, cuidar de nuestra salud y bienestar, aprender algo nuevo y permitirnos momentos de descanso. Al encontrar un equilibrio entre actividades significativas y momentos de relajación, nos aseguramos de tener una vida plena y satisfactoria. Aprovechemos cada momento de nuestro tiempo libre para crecer, disfrutar y enriquecernos como personas.

29. CÓMO SER FELIZ

Cómo ser feliz es una pregunta que ha intrigado a la humanidad a lo largo de los siglos. La felicidad es un estado deseado por todos, pero a menudo parece escurridizo y difícil de alcanzar. Sin embargo, hay ciertos principios y prácticas que podemos adoptar en nuestra vida diaria para aumentar nuestra felicidad y bienestar.

En primer lugar, es importante recordar que la felicidad no es un destino final, sino un viaje continuo. No se trata de alcanzar una meta específica o de tener ciertas circunstancias externas, sino de cultivar una mentalidad y actitud positiva hacia la vida. La felicidad es una elección que podemos hacer en cada momento, independientemente de las circunstancias que nos rodean.

Una de las formas más efectivas de cultivar la felicidad es practicar la gratitud. Tomemos el tiempo cada día para apreciar las bendiciones y momentos positivos en nuestra vida. Agradezcamos por las cosas grandes y pequeñas, desde el sol que brilla hasta una sonrisa amable de un extraño. La gratitud nos ayuda a cambiar nuestra perspectiva y a enfocarnos en lo bueno en lugar de lo negativo.

Además, es importante cultivar relaciones significativas y conexiones humanas. Las interacciones sociales positivas y el apoyo emocional son fundamentales para nuestra felicidad. Dediquemos tiempo y esfuerzo en construir y mantener relaciones saludables con amigos, familiares y seres queridos. Compartamos momentos de alegría, vulnerabilidad y apoyo mutuo. La conexión humana nos brinda un sentido de pertenencia y propósito, y contribuye significativamente a nuestra felicidad.

Otra práctica esencial para ser feliz es cuidar de nuestra salud física y emocional. Alimentemos nuestro cuerpo con una dieta saludable, hagamos ejercicio regularmente y durmamos lo suficiente. El ejercicio no solo nos ayuda a mantenernos físicamente en forma, sino que también libera endorfinas, conocidas como las «hormonas de la felicidad». Además, es importante cuidar de nuestra salud mental y emocional. Practiquemos técnicas de manejo del estrés, como la meditación o la respiración consciente, y busquemos ayuda profesional si es necesario.

Asimismo, una parte fundamental de ser feliz es encontrar un sentido de propósito y significado en nuestra vida. Identifiquemos nuestros valores y pasiones, y busquemos actividades que nos permitan expresar y vivir de acuerdo con ellos. Encontrar un propósito nos da una sensación de dirección y nos ayuda a encontrar satisfacción y realización en nuestras acciones diarias.

Por último, es importante recordar que la felicidad es única para cada individuo. No se trata de compararnos con los demás o de buscar la aprobación externa. Ser feliz implica aceptarnos a nosotros mismos tal como somos y vivir de acuerdo con nuestros propios deseos y valores, en lugar de seguir las expectativas de los demás.

En resumen, ser feliz implica cultivar una mentalidad positiva, practicar la gratitud, cultivar relaciones significativas, cuidar de nuestra salud física y emocional, encontrar un propósito en nuestra vida y aceptarnos a nosotros mismos. La felicidad no es un destino final, sino un viaje que requiere esfuerzo y compromiso diario. Aprovechemos cada día para buscar la felicidad y recordemos que está en nuestras manos elegir vivir una vida llena de alegría, significado y satisfacción para ti y para los que te rodean.

Sonreír a la vida sin importar las circunstancias puede parecer un desafío, pero es posible y extremadamente liberador. A menudo, nuestras emociones y estados de ánimo están condicionados por lo que sucede a nuestro alrededor, pero podemos cambiar esa dinámica y elegir ser dueños de nuestra propia felicidad.

En primer lugar, es importante reconocer que las circunstancias externas no determinan nuestra felicidad. Aunque no podemos controlar todo lo que nos sucede, sí podemos controlar cómo reaccionamos ante ello. Elegir sonreír a la vida implica tomar el poder de nuestras emociones y decidir que no permitiremos que las situaciones externas dicten nuestro estado de ánimo.

Una forma de lograr esto es cambiar nuestra perspectiva. En lugar de centrarnos en lo negativo o en los obstáculos, busquemos siempre el lado positivo en cada situación. Aunque parezca difícil al principio, es posible encontrar algo bueno, incluso en los momentos más difíciles. Focalicémonos en las lecciones aprendidas, en el crecimiento personal y en las oportunidades de mejora que nos brindan los desafíos.

Además, debemos recordar que la felicidad no está exclusivamente ligada a las circunstancias externas, sino que es un estado interno. Podemos cultivar la alegría y el optimismo desde dentro, independientemente de lo que esté sucediendo en nuestro entorno. Practiquemos la gratitud diaria, reconociendo y apreciando las pequeñas cosas que nos hacen felices. Agradezcamos por la salud, por las relaciones significativas, por los momentos de paz y por las oportunidades de crecimiento.

Otra estrategia para sonreír a la vida es aprender a dejar ir lo que no podemos controlar. A menudo, nos aferramos a situaciones pasadas o nos preocupamos excesivamente por el futuro, lo que nos impide disfrutar el presente. Aceptemos que hay cosas que simplemente no podemos cambiar y enfoquémonos en lo que sí podemos controlar: nuestras actitudes, nuestras acciones y nuestras respuestas ante las circunstancias.

Además, es importante rodearnos de personas positivas y de apoyo. Nuestro entorno social tiene un impacto significativo en nuestro estado de ánimo y en nuestra capacidad de sonreír ante la vida. Busquemos relaciones saludables y nutridoras, y evitemos a aquellos que drenan nuestra energía y nos hacen sentir negativos. Cultivemos amistades que nos inspiren, nos motiven y nos ayuden a mantener una actitud positiva.

Por último, recordemos que sonreír a la vida no significa negar nuestras emociones o ignorar los desafíos. Es importante permitirnos sentir y procesar nuestras emociones, incluso las negativas. La clave está en no dejar que esas emociones nos definan ni nos atrapen en un estado de tristeza o negatividad permanente. Aprendamos a aceptar nuestras emociones, a buscar apoyo cuando sea necesario y a encontrar formas saludables de lidiar con ellas.

En resumen, sonreír a la vida sin importar las circunstancias implica tomar el control de nuestras emociones y elegir ser felices. Cambiemos nuestra perspectiva, cultivemos la gratitud, aprendamos a soltar lo que no podemos controlar, rodeémonos de personas positivas y permitámonos sentir nuestras emociones sin quedarnos atrapados en ellas. Al hacerlo, descubriremos que la verdadera felicidad reside en nuestro interior y no está sujeta a las fluctuaciones externas. Aprendamos a sonreír a la vida y a disfrutar cada momento, independientemente de las circunstancias.

30. QUERIDOS LECTORES

Hoy me dirijo a ustedes con un profundo sentimiento de gratitud y alegría en mi corazón. Es con gran emoción que les expreso mi sincero agradecimiento por haber dedicado su tiempo y energía a sumergirse en las páginas de mi libro, *El amor y la fe Todo cambian.*

Este libro, que es mi biografía, ha sido un proyecto muy personal y significativo para mí. Cada palabra escrita en sus páginas ha sido una reflexión profunda de mi vida, una historia que comparto con el objetivo de inspirar y mostrar cómo el amor y la fe pueden transformar cualquier situación, sin importar cuán desafiante parezca.

A través de estas páginas, he compartido momentos de vulnerabilidad, desafíos superados y la valentía requerida para tomar decisiones que han cambiado el curso de mi vida. Mi intención ha sido transmitir un mensaje de esperanza y empoderamiento, recordándoles a todos ustedes que no importan las circunstancias que enfrentemos, siempre tenemos la capacidad de decidir y crear un cambio positivo en nuestras vidas.

Cada uno de ustedes, mis queridos lectores, ha sido una parte integral de este viaje. Han sido testigos de mi historia, han compartido mis triunfos y derrotas, y han sido cómplices de mi crecimiento y transformación personal. No puedo expresar con palabras lo agradecido que estoy por su apoyo incondicional y su compromiso al sumergirse en las páginas de mi vida.

A través de sus lecturas, han demostrado una conexión especial con mi historia, y eso es algo que valoro profundamente. Sus mensajes de aliento, sus palabras de alabanza y sus historias compartidas han sido un recordatorio constante de que mi voz ha encontrado eco en sus corazones. Han sido ustedes, mis lectores, quienes han dado vida a mi historia y me han dado la confianza para seguir compartiendo mi mensaje con el mundo.

Esta historia nos recuerda que todos enfrentamos situaciones difíciles en algún momento de nuestras vidas. Puede ser la pérdida de un ser querido, una enfermedad, problemas financieros o emocionales. Sin embargo, lo que nos diferencia es la forma en que respondemos a esas circunstancias. En lugar de dejarnos consumir por el desaliento, esta historia nos enseña a abrazar el amor y la fe como herramientas poderosas de transformación.

El amor, en todas sus formas, tiene el poder de sanar y fortalecer. El amor hacia uno mismo nos impulsa a tomar decisiones valientes y a cuidar de nuestra propia felicidad. El amor hacia los demás nos conecta, nos brinda apoyo y nos inspira a ser mejores personas. Y el amor hacia la vida nos ayuda a encontrar significado en cada experiencia, incluso en las más dolorosas.

La fe, por otro lado, es esa creencia inquebrantable en algo más grande que nosotros mismos. Es el convencimiento de que existe un propósito detrás de cada situación y que, aunque no siempre podamos verlo en el momento, todo puede cambiar para mejor si lo decidimos. La fe nos da el coraje necesario para seguir adelante, incluso cuando los obstáculos parecen insuperables.

Esta lectura nos desafía a reflexionar sobre nuestras propias vidas y a preguntarnos: «¿Estamos permitiendo que el amor y la fe guíen nuestros pasos? ¿Estamos dispuestos a enfrentar los desafíos con valentía y confianza en que todo puede cambiar para mejor?».

Aprendemos de esta historia que nuestras circunstancias no definen nuestro destino, sino nuestras elecciones y nuestra actitud frente a ellas. El amor y la fe son fuerzas poderosas que nos impulsan a superar nuestras limitaciones y a encontrar la fuerza interna necesaria para cambiar nuestra realidad.

Que esta reflexión nos inspire a abrazar el amor y la fe en nuestras vidas, y a recordar siempre que tenemos el poder de transformar cualquier situación si así lo decidimos.

Espero sinceramente que mi historia haya resonado en sus vidas de alguna manera significativa. Si mi libro les ha brindado inspiración, fortaleza o incluso una nueva perspectiva, entonces mi objetivo se ha cumplido. Mi deseo más profundo es que, a través de mi historia, hayan encontrado el poder para creer en sí mismos y para abrazar el cambio con amor y fe.

Una vez más, desde el fondo de mi corazón, les agradezco por su apoyo inquebrantable y por acompañarme en este viaje literario. Sin ustedes, mis lectores, el propósito de compartir mi historia no tendría sentido. Espero que nuestras conexiones sigan creciendo y que nuestros caminos se crucen nuevamente en futuras aventuras literarias.

Con gratitud eterna,

Martín Quizhpe

www.ingramcontent.com/pod-product-compliance
Lightning Source LLC
LaVergne TN
LVHW091934070526
838200LV00068B/989